Christiane Heyde/Benedikt Heyde

Musik in der 5./6. Klasse

Persen **Persen Verlag GmbH**

Christiane und Benedikt Heyde – Musiklehrer an einer Hamburger Gesamtschule.

Wir danken den im Quellenverzeichnis genannten Personen und Verlagen für die freundliche Abdruckgenehmigung.

Gedruckt auf umweltbewusst gefertigtem, chlorfrei gebleichtem
und alterungsbeständigem Papier.

4. Auflage 2010
Nach den seit 2006 amtlich gültigen Regelungen der Rechtschreibung
© by Persen Verlag GmbH, Buxtehude
Alle Rechte vorbehalten

Illustrationen: Armin Metzger und Charlotte Wagner
Satz: MouseDesign Medien AG, Zeven

ISBN 978-3-8344-3915-4

www.persen.de

Inhaltsverzeichnis

Inhaltsverzeichnis

Vorwort: Zum Umgang mit diesem Buch

MATERIALAUSWAHL

Mit dem Inhalt dieses Buches lassen sich große Teile des Unterrichts in den Jahrgängen 5 und 6 bestreiten, die Zusammenstellung berücksichtigt möglichst viele gängige Lehrplaninhalte. Ausgehend vom musikpraktischen Schwerpunkt „Singen und Spielen" sind die musiktheoretischen Anteile für die Schüler/-innen in den meisten Fällen eng mit musikalischer Tätigkeit verbunden. Die ausgewählten Lieder und Spielstücke werden unserer Erfahrung nach von den unterschiedlichsten Klassen gut angenommen. Die Art der Arrangements soll eine Anregung für eigene Bearbeitungen und Konzeptionen sein und lässt sich auf viele andere Stücke übertragen.

SEITENKONZEPTION

Bei der Auswahl und Gestaltung haben wir außerdem das Ziel verfolgt, den Schüler/-innen strukturiertes Material an die Hand zu geben, das durch sein einheitliches Layout und durch ähnliche Formen der Bearbeitung tatsächlich sichtbare Kontinuität ermöglicht. So kann jede/-r Schüler/-in am Ende der 6. Klasse stolz „Mein Musikbuch!" sagen. Gleichzeitig ermöglichen die Ausarbeitungen der Lehrperson vielfältige Möglichkeiten der Binnendifferenzierung, da auf unterschiedliches Vorwissen und unterschiedliche musikalische Fähigkeiten eingegangen werden kann. Schwächere Schüler/-innen können sich beim Musizieren auf die Grundtöne konzentrieren, stärkere erproben sich an harmonischen Erweiterungen und fortgeschrittene Instrumentalist(inn)en spielen die Melodien.

ABFOLGE UND SEQUENZIERUNG DER SEITEN

Die Abfolge der Seiten innerhalb der Kapitel stellt lediglich einen Vorschlag für die Reihenfolge ihrer Behandlung im Unterricht dar. Dabei spielen der Entwicklungsstand der Kinder, der Schwierigkeitsgrad der Lieder und Spielstücke und der Aufbau von musiktheoretischem Wissen eine Rolle. Genauso gut lassen sich die Blätter aber auch zu Themenbereichen und Schwerpunkten kombinieren. Jede Lehrperson wird selbst am besten abschätzen können, welche Seiten sie in welcher Reihenfolge auswählt und wo sie Ergänzungen vornimmt.

Die Weihnachtslieder stehen gesammelt am Ende der Schülerseiten und sind ohne umfangreiche Ausarbeitungen „einfach so" zum Musizieren in der Adventszeit gedacht.

KONKRET

- Wir empfehlen für jede/-n Schüler/-in die Anschaffung eines Ringbuchs mit ca. 25 DIN-A4-Klarsichthüllen. Nach dem Austeilen und der Bearbeitung sind die Arbeitsblätter dort besser aufgehoben als in den verbreiteten Schnellheftern. In diesem Ringbuch kann im Laufe des 5. und 6. Schuljahrs ein Lieder-, Spiel-, und Wissensschatz wachsen, der durch die jeweils persönliche Gestaltung eine Motivation zur dauerhaften Beschäftigung mit den Inhalten bieten soll. Übezettel, z. B. von Höraufgaben, misslungene Blätter sowie Zettel ohne „bleibende Bedeutung" sollten erst gar nicht in das Ringbuch aufgenommen werden.

- Auf allen Seiten gibt es etwas „zu tun". Dies beginnt beim Eintragen des Datums in das Leerfach in der Kopfzeile. Die Seitenzahlen sollte man erst zu einem späteren Zeitpunkt in die Note rechts oben eintragen – dann könnte auch das Inhaltsverzeichnis des Buches erstellt werden. Oft ist ein Bild oder eine Flagge zum Ausmalen auf der Seite. Auf vielen Seiten ist Raum für Notizen, dort können Beobachtungen, Stichworte für ein Klassenarrangement, zusätzliche Spielhinweise oder Rhythmen eingetragen werden. Einige Seiten werden erst durch individuelle oder gemeinsame Bearbeitung fertig, wie beispielsweise diejenigen zur Instrumentenkunde und Notenlehre. Andere wiederum werden sich erst über längere Zeiträume füllen, beispielsweise das Arbeitsblatt zur Akkordübersicht.

- Der Lehrerkommentar ab Seite 74 bietet zusätzliche Informationen, Vorschläge für das Vorgehen im Unterricht, Alternativen zur Liedbegleitung, Hinweise zum Musizieren und Literaturhinweise.

Und nun: Viel Spaß beim Musizieren!

Christiane und Benedikt Heyde

Los, komm mit

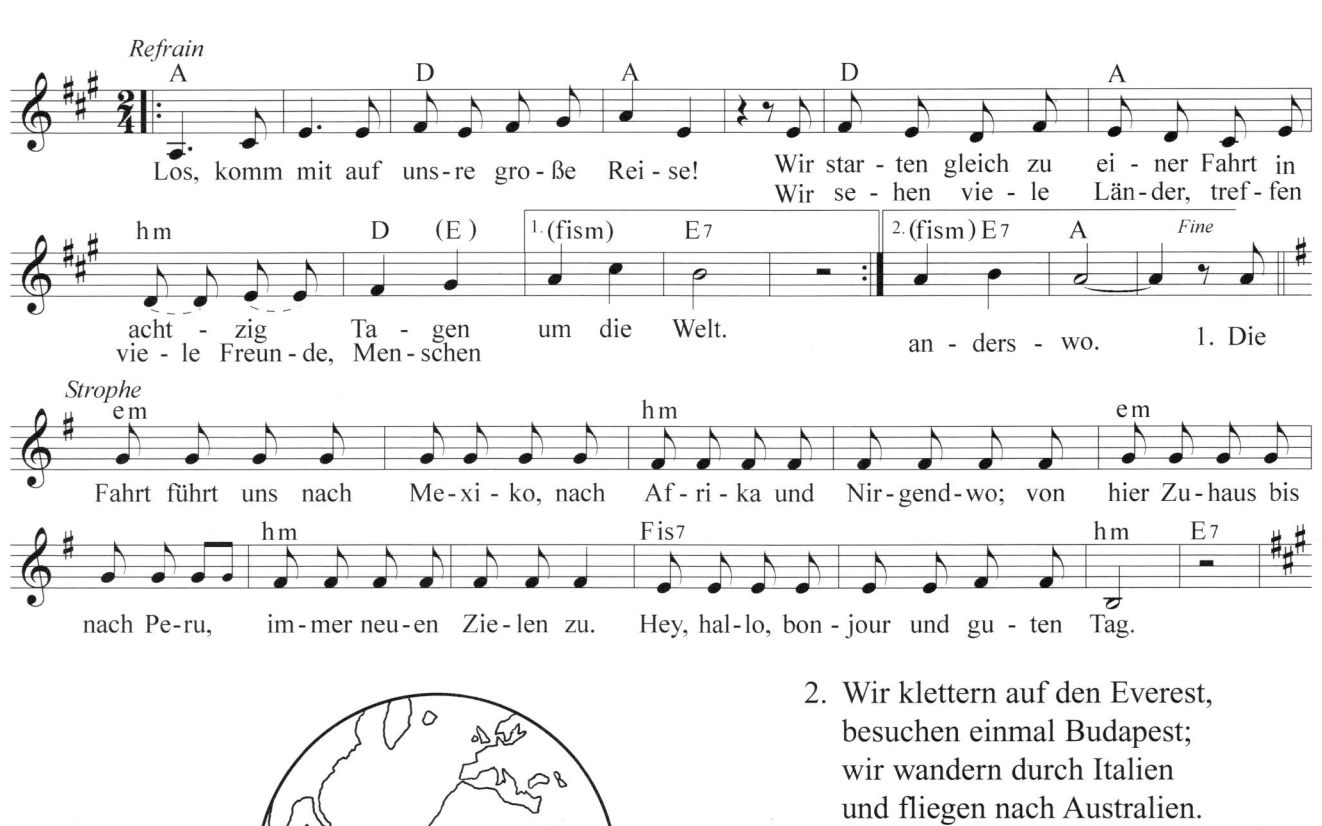

Refrain

Los, komm mit auf uns-re gro-ße Rei-se! Wir star-ten gleich zu ei-ner Fahrt in
Wir se-hen vie-le Län-der, tref-fen

acht - zig Ta - gen um die Welt.
vie-le Freun-de, Men-schen an - ders - wo. 1. Die

Strophe

Fahrt führt uns nach Me-xi-ko, nach Af-ri-ka und Nir-gend-wo; von hier Zu-haus bis

nach Pe-ru, im-mer neu-en Zie-len zu. Hey, hal-lo, bon-jour und gu-ten Tag.

2. Wir klettern auf den Everest,
besuchen einmal Budapest;
wir wandern durch Italien
und fliegen nach Australien.
Buon giorno, ciao, hallo, good bye.

3. Wir kriechen durch den Wüstensand
und zelten auch am Ostseestrand;
wir treffen Fred vom andern Stern
und kehren auch zurück ganz gern.
Hey, hallo, wir sind wieder da.

Begleitung:

Christiane Heyde / Benedikt Heyde: Musik in der 5./6. Klasse
© Persen Verlag GmbH, Buxtehude

Un poquito cantas

1. _____

_____

2. _____ / _____

3. _____ / _____

4. _____ / _____

Meine Begleittöne auf dem Xylofon:

In dem dunklen Wald von Paganowo

*Russland
dt. Text:
mündlich überliefert*

1. In dem dunk - len Wald von Pa - ga - no - wo leb - te einst ein wil - der Räu - bers - mann. Und der war der Schre - cken al - ler Leu - te, er hat - te vie - len Bö - ses schon ge - tan.

4. Und der Räuber, ja der trug ein Holzbein,
   war ein richt'ger Mörder auch sogar.
   Und er musste sich selbst die Grube graben,
   was seine letzte Räuberhandlung war.

5. Tot liegt nun im Wald von Paganowo
   der verruchte, böse Räuberhund.
   Und das Lied von dem langen Leutnant Nagel
   geht nun in Russland um von Mund zu Mund.

2. Doch da kam der lange Leutnant Nagel,
   und der sprach: „Den fass' ich mir beim Bart!"
   Und er hat eine kühne Schar von Rächern
   um sich herum geschart zu kühner Tat.

3. In den dunklen Wald von Paganowo
   brach er ein bei Tag und auch bei Nacht,
   bis er dann den frechen Räuberburschen
   eines Tags zur Strecke hat gebracht.

Zu diesem Lied passen Kasatschok-Rhythmen. Trage ein:

a)

b)

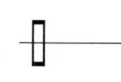

Christiane Heyde / Benedikt Heyde: Musik in der 5./6. Klasse
© Persen Verlag GmbH, Buxtehude

Der Willi Wumm

Jan Kramer

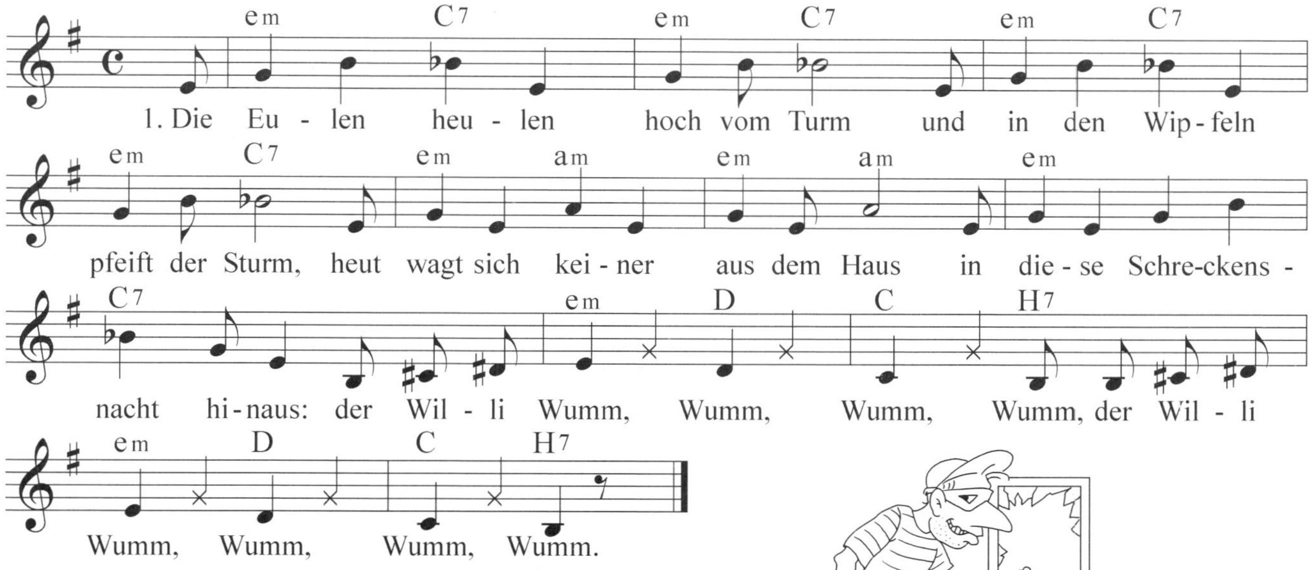

(Notenzeilen mit Liedtext:)

em C7 em C7 em C7
1. Die Eu-len heu-len hoch vom Turm und in den Wip-feln

em C7 em am em am em
pfeift der Sturm, heut wagt sich kei-ner aus dem Haus in die-se Schre-ckens-

C7 em D C H7
nacht hi-naus: der Wil-li Wumm, Wumm, Wumm, Wumm, der Wil-li

em D C H7
Wumm, Wumm, Wumm, Wumm.

2. Da öffnet knarrend sich ein Tor
und eine Hand schiebt sich hervor,
und die gehört zu Willi Wumm,
der treibt sich in der Nacht herum.

3. Und wenn das letzte Licht erlischt,
weiß keiner, wen es heut erwischt.
Drum, Leute, macht die Fenster zu,
vielleicht lässt er euch dann in Ruh.

4. Doch plötzlich splittert Fensterglas,
und jeder fragt sich schreckensblass:
war das nicht eben nebenan?
Vielleicht bin ich als Nächster dran!?

5. Beim Juwelier hat heute Nacht
der Willi mal kurz „Wumm" gemacht.
Nun ist die Fensterscheibe hin
und Willi in der Stube drin.

6. Der Willi fesselt nun ganz schnell
den Juwelier ans Bettgestell
und Perlen, Gold und Edelstein
stopft er in seine Taschen rein.

7. Dann husch, husch, husch davongemacht,
die Uhr schlägt grade Mitternacht.
Der Juwelier will hinterher,
doch ist das Bettgestell zu schwer.

8. Durch Wolkenfetzen blickt der Mond;
man atmet auf, man blieb verschont.
Ein Hund nur heult noch aufgeschreckt,
doch keiner weiß, wo Willi steckt.

Begleitung:

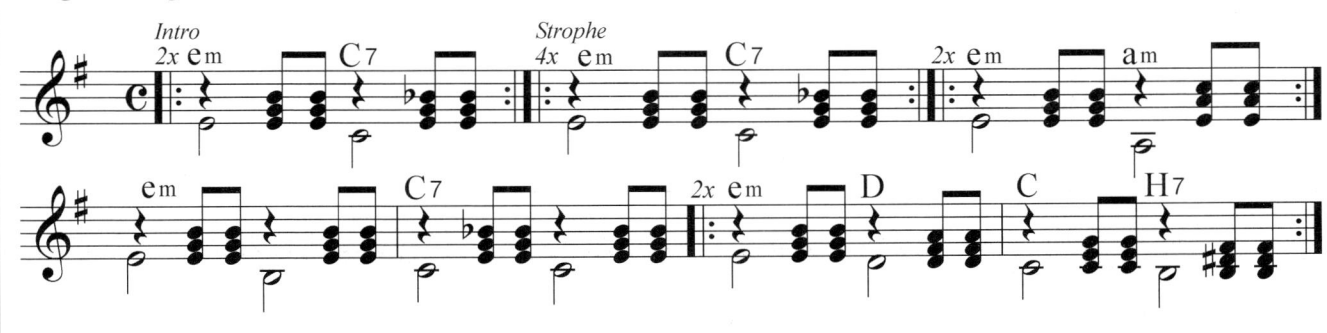

Meine Biber haben Fieber

traditionell

1. Heu - te Nacht ist Groß - a - larm auf Herrn Sie - bers Bi - ber - farm.
Al - le Wäch - ter ha - bens schwer, lau - fen auf - ge - regt um - her. Und Herr Sie - ber
tut mir leid; hört nur, wie er schreit: „Mei - ne Bi - ber ha - ben Fie - ber, ach, die
ar - men! Will sich kei - ner die - ser ar - men Tier er - bar - men? Mei - ne
Bi - ber ha - ben Fie - ber", schreit Herr Farm - be - sit - zer Sie - ber, „hätt ich
sel - ber lie - ber Fie - ber und den Bi - bern ging es gut!"

2. Sieber ist nun selber krank,
läuft die langen Gänge lang.
Weil er gar nicht anders kann,
schreit er seine Frau jetzt an.
Und obwohl sie vor ihm flieht,
hört sie noch das Lied: „Meine Biber ..."

3. Siebers Tochter hat es satt
und sie sehnt sich nach der Stadt,
weil sie auf der Biberfarm
nichts als Kummer hat und Harm.
Doch weil traurig ihr Gemüt,
singt sie stets das Lied: „Meine Biber ..."

Wie geht es den Hasen, Hummern, Pferden, Katzen, Mäusen und Schnecken?

_____

_____

_____

_____

Christiane Heyde / Benedikt Heyde: Musik in der 5./6. Klasse
© Persen Verlag GmbH, Buxtehude

Buenos días

Melodie: H.-G. Lenders und
Heinz Lemmermann
Text: Ortfried Pörsel und
H.-G. Lenders

1. In San Ju - an, in der Stadt auf Pu - er - to Ri - co sitzt an der Stra - ße ge - schäf - tig der klei - ne

El chi - co, chi - co con pi - co, Pu - er - to Ri - co, el

Chi - co, hat sei - nen Kas - ten zur Hand con fu - er - te pi - co und singt von mor - gens bis a - bends nur die - ses

chi - co, el chi - co chi - co con pi - co, Pu - er - to Ri - co, o -

Lied: O bue - nos di - as, Se - ñor! Ich put - ze gern Ih - re Schuh,

di - as, Se - ñor, das geht bei mir wie im Nu!

lé! O bue - nos di - as, Se - ñor!

e - gal, ob schwarz o - der braun, in je - der Far - be. O bue - nos
Tip - top sind sie an - zu - schaun und blank da -
zu.

Ich put - ze gern Ih - re Schuh! O bue - nos
Das geht bei mir wie im Nu!

2. Er putzt die staubigen Schuhe mitsamt den Sohlen,
drum wird er jedermann jederzeit gern empfohlen.
Gibst du ein Trinkgeld, dann schlägt er dir Kapriolen
und singt vom Morgen bis Abend nur dieses Lied: „O buenos días ..."

3. Wo du auch herkommst, es wird dich dasselbe kosten,
kommst du aus Rio, aus Sydney, kommst du aus Boston;
er kennt die Schuhe von hier bis zum fernen Osten
und singt vom Morgen bis Abend nur dieses Lied: „O buenos días ..."

Begleitrhythmen:

a)

b)

Es führt über den Main

Felicitas Kukuck
© by Möseler Verlag, Wolfenbüttel

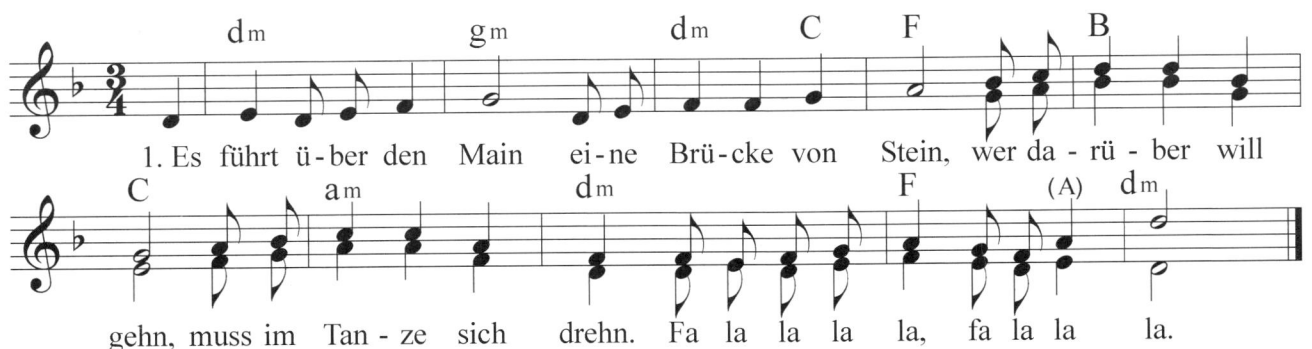

1. Es führt über den Main eine Brücke von Stein, wer darüber will gehn, muss im Tanze sich drehn. Fa la la la la, fa la la la.

2. Kommt ein Fuhrmann daher,
hat geladen gar schwer,
seiner Rösser sind drei
und sie tanzen vorbei.

3. Und ein Bursch ohne Schuh
und in Lumpen dazu,
als die Brücke er sah,
ei, wie tanzte er da.

4. Kommt ein Mädchen allein
auf die Brücke von Stein,
fasst ihr Röcklein geschwind
und sie tanzt wie der Wind.

5. Und der König in Person
steigt herab von seinem Thron,
kaum betritt er das Brett,
tanzt er gleich Menuett.

6. Liebe Leute, herbei!
Schlagt die Brücke entzwei!
Und sie schwangen das Beil
und sie tanzten derweil.

7. Alle Leute im Land
kommen eilig gerannt:
Bleibt der Brücke doch fern,
denn wir tanzen so gern!

8. Es führt über den Main
eine Brücke von Stein
und wir fassen die Händ
und wir tanzen ohn' End.

Begleittöne:

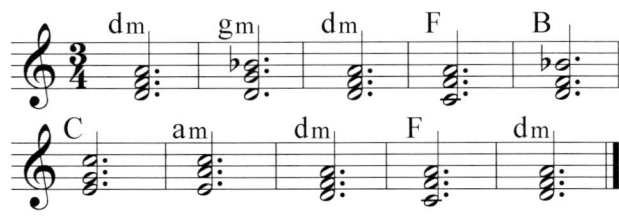

Begleitrhythmen:

a) li li re li re li re re

b)

Christiane Heyde / Benedikt Heyde: Musik in der 5./6. Klasse
© Persen Verlag GmbH, Buxtehude

Vem kan segla

Schweden / Satz: Gunnar Eriksson

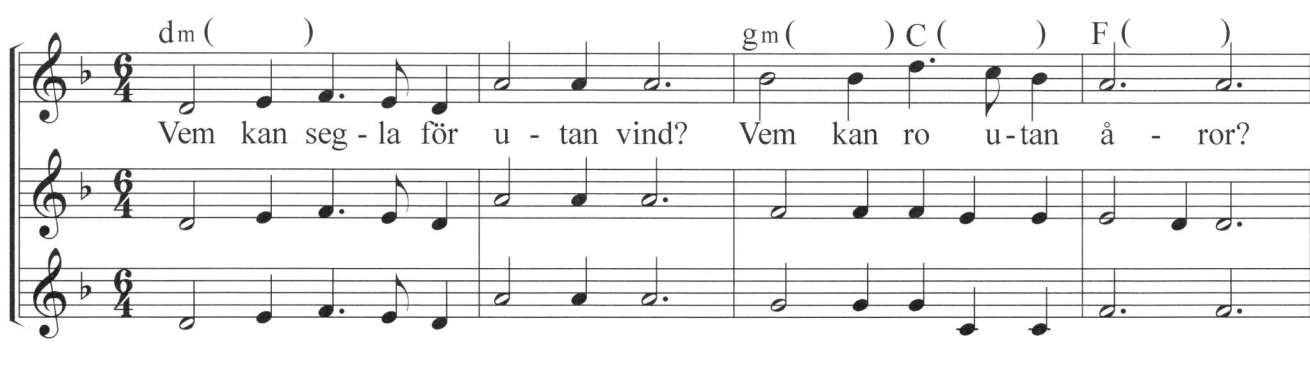

Vem kan seg - la för u - tan vind? Vem kan ro u - tan å - ror?

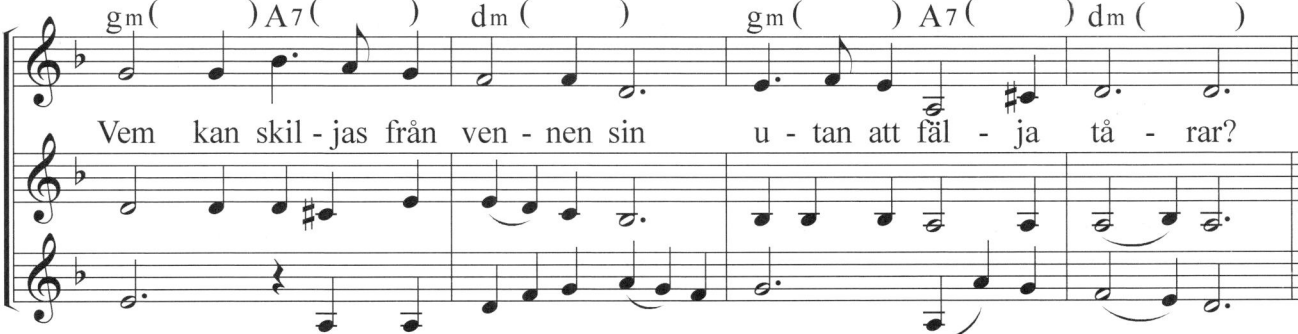

Vem kan skil - jas från ven - nen sin u - tan att fäl - ja tå - rar?

2. Jag kan segla för utan vind!
   Jag kan ro utan åror!
   Men ej skiljas från vennen min
   utan att fälja tårar!

Das 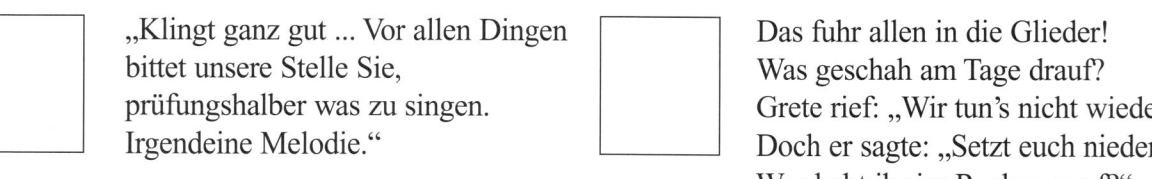 verhexte Telefon

Erich Kästner

Neulich waren bei Pauline
sieben Kinder beim Kaffee
und der Mutter taten schließlich
von dem Krach die Ohren weh.

Deshalb sagte sie: „Ich gehe.
Aber treibt es nicht zu toll.
Denn der Doktor hat verordnet,
dass ich mich nicht ärgern soll."

Doch kaum war sie aus dem Hause,
schrie die rote Grete schon:
„Kennt ihr meine neuste Mode!?
Kommt mal mit ans Telefon."

Und sie rannten wie die Wilden
an den Schreibtisch des Papas.
Grete nahm das Telefonbuch,
blätterte darin und las.

Dann hob sie den Hörer runter,
gab die Nummer an und sprach:
„Ist dort der Herr Bürgermeister?
Ja! Das freut mich. Guten Tag!

Hier ist Störungsstelle Westen.
ihre Leitung scheint gestört.
Und da wäre es am besten,
wenn man Sie mal sprechen hört."

„Klingt ganz gut ... Vor allen Dingen
bittet unsere Stelle Sie,
prüfungshalber was zu singen.
Irgendeine Melodie."

Und die Grete hielt den Hörer
allen sieben an das Ohr.
Denn der brave Bürgermeister
sang „Am Brunnen vor dem Tor."

Weil sie schrecklich lachen mussten,
hängten sie den Hörer ein.
Dann trat Grete in Verbindung
mit Finanzminister Stein.

„Exzellenz, hier Störungsstelle.
Sagen Sie doch dreimal ‚Schrank'.
Etwas lauter, Herr Minister!
Tschuldigung und besten Dank."

Wieder mussten alle lachen.
Hertha schrie: „Hurra!", und dann
riefen sie von neuem lauter
sehr berühmte Männer an.

Von der Stadtbank der Direktor
sang zwei Strophen „Hänschen klein",
und der Intendant der Oper
knödelte die „Wacht am Rhein".

Ach, sogar den Klassenlehrer
rief man an. Doch sagte der:
„Was für Unsinn? Störungsstelle –
Grete, Grete! Morgen mehr."

Das fuhr allen in die Glieder!
Was geschah am Tage drauf?
Grete rief: „Wir tun's nicht wieder!"
Doch er sagte: „Setzt euch nieder!
Was habt ihr im Rechnen auf?"

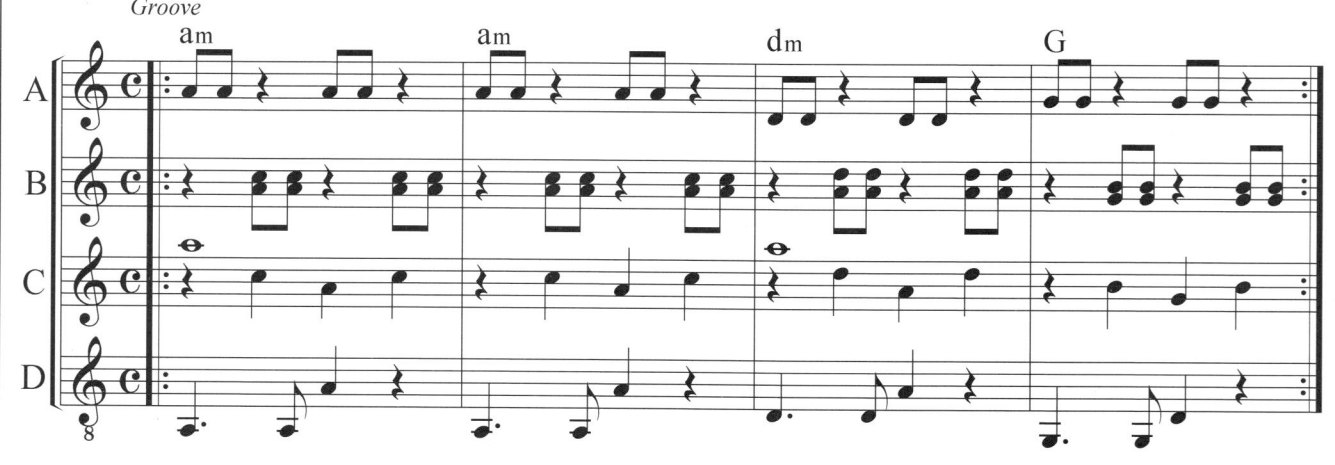

Christiane Heyde / Benedikt Heyde: Musik in der 5./6. Klasse
© Persen Verlag GmbH, Buxtehude

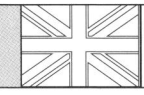

What shall we do?

England

1. What shall we do with the drun-ken sai-lor, what shall we do with the drun-ken sai-lor,

what shall we do with the drun-ken sai-lor ear-ly in the mor-ning?

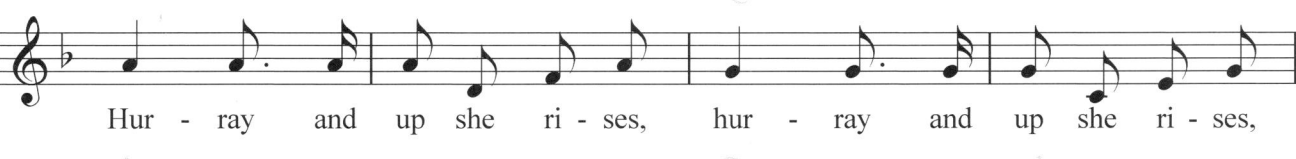

Hur-ray and up she ri-ses, hur-ray and up she ri-ses,

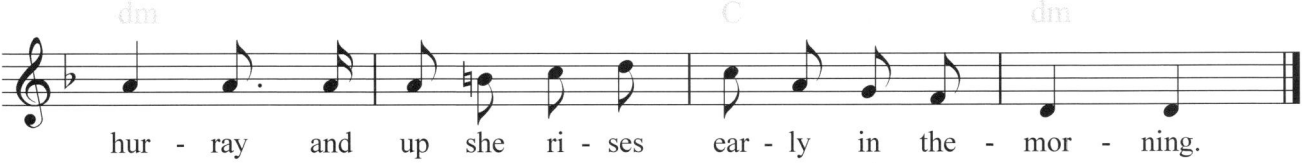

hur-ray and up she ri-ses ear-ly in the mor-ning.

2. Take him and shake him
   and try to awake him ...

3. Put him in the long boat
   'til he's sober ...

4. Put out the plug
   and wet him all over ...

5. Heave him by the leg
   in a running bowlin' ...

6. That's what to do with
   the drunken sailor ...

Dieses Lied kann mit zwei Harmonien begleitet werden. Schreibe dm (d-Moll) und C (C-Dur) über die richtigen Takte und kennzeichne die Takte jeder Harmonie mit einer Farbe.

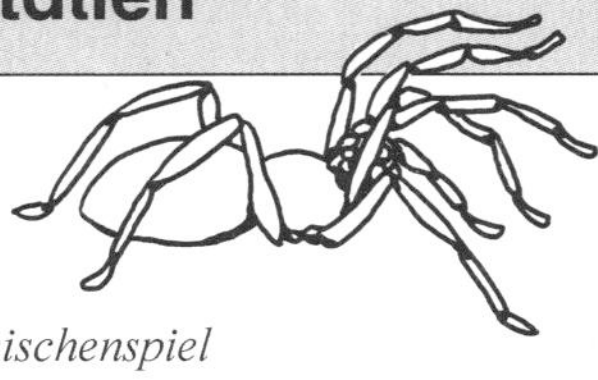

Tarantella

Vor- und Zwischenspiel

Italien (Neapel) /dt.T.: Fritz Schröder

Strophe

1. Will ein lus-tig Lied-chen brin-gen und die Ta-ran-tel-la sin-gen,

ich, der ar-me klei-ne To-ni, für ei-ne Schüs-sel mit Mak-ka-ro-ni.

2. Hab kein Geld in meiner Tasche,
keinen Tropfen in der Flasche,
brauch kein Bett aus Mahagoni,
nur eine Schüssel mit Makkaroni.

3. In der Welt wär viel mehr Liebe
und es gäbe keine Diebe,
keine Gauner und Ladroni,
hätt jeder jeden Tag Makkaroni.

4. Wie man Briefe drahtlos sende,
das erfanden kluge Hände.
Doch ganz schlicht aß auch Marconi
nur eine Schüssel mit Makkaroni.

5. Hat mein Liedchen euch gefallen,
komm ich wieder, sing euch allen
neue Lieder und Canzoni
für eine Schüssel mit Makkaroni.

Begleite das Lied mit dem _____ und schreibe deinen Rhythmus hier auf:

Christiane Heyde / Benedikt Heyde: Musik in der 5./6. Klasse
© Persen Verlag GmbH, Buxtehude

Alles nur geklaut

Intro und Begleitung beim Refrain:

em
C
e - o e-o
e-o
Ah Ah Ah Ah Ah Ah

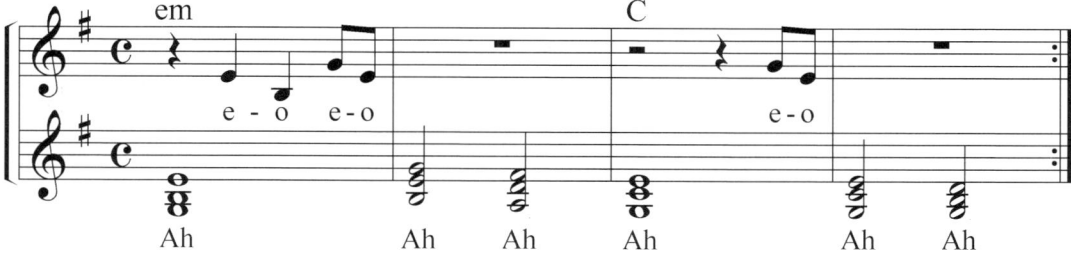

Tobias Künzel

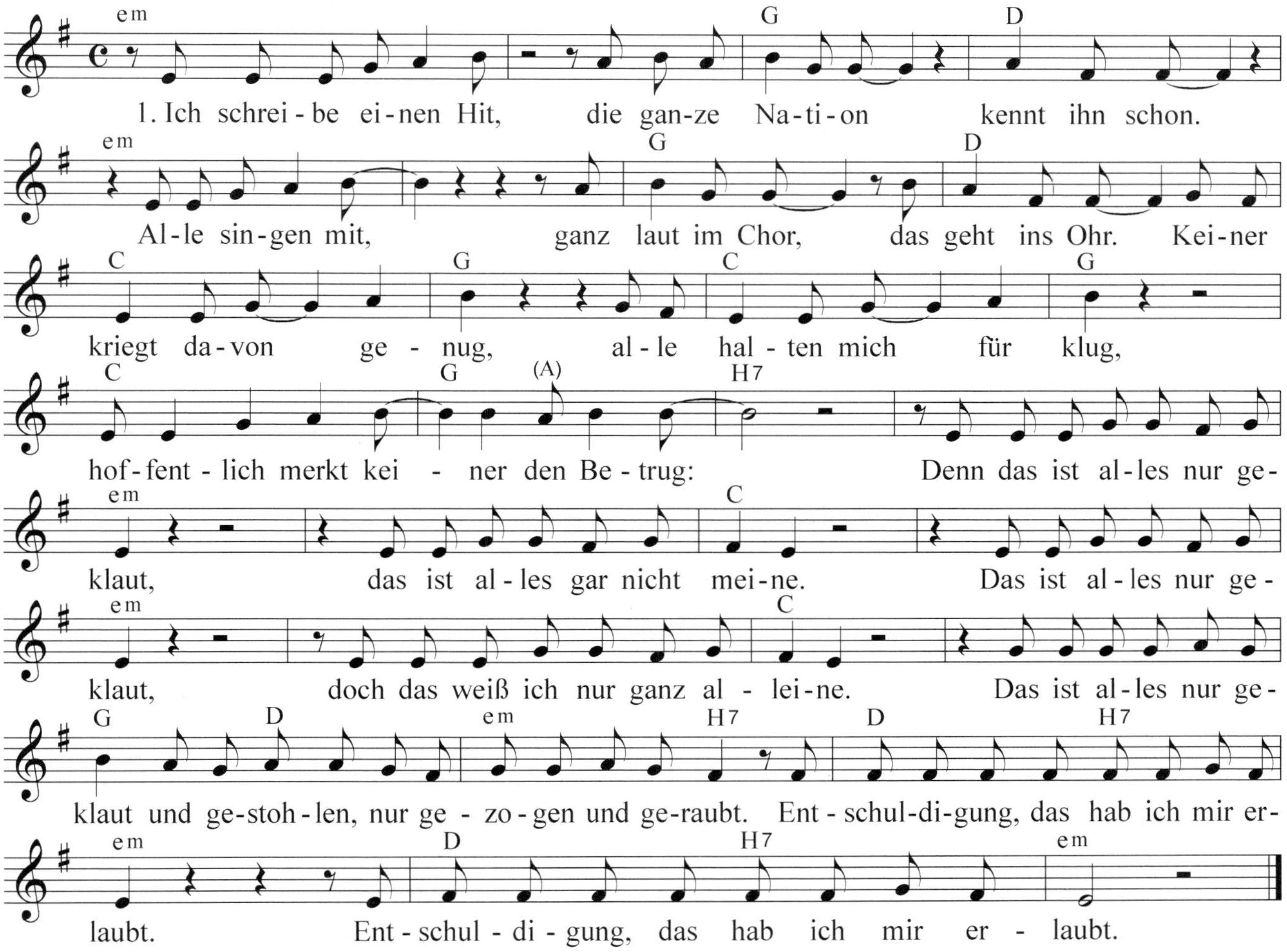

1. Ich schrei-be ei-nen Hit, die gan-ze Na-ti-on kennt ihn schon.
Al-le sin-gen mit, ganz laut im Chor, das geht ins Ohr. Kei-ner
kriegt da-von ge - nug, al-le hal - ten mich für klug,
hof-fent - lich merkt kei - ner den Be - trug: Denn das ist al-les nur geklaut, das ist al-les gar nicht mei-ne. Das ist al-les nur geklaut, doch das weiß ich nur ganz al - lei-ne. Das ist al-les nur geklaut und ge-stoh-len, nur ge - zo-gen und ge-raubt. Ent-schul-di-gung, das hab ich mir erlaubt. Ent-schul - di - gung, das hab ich mir er - laubt.

2. Ich bin tierisch reich, ich fahre einen Benz,
der in der Sonne glänzt, ich hab 'n großen Teich
und davor ein Schloss und ein weißes Ross,
ich bin ein großer Held, und ich reise um die Welt,
ich werde immer schöner durch mein Geld.
Doch das ist alles nur geklaut ...

3. Ich will dich gern verführn, doch bald schon merke ich:
Das wird nicht leicht für mich. Ich geh mit dir spaziern,
und spreche ein Gedicht in dein Gesicht.
Ich sag, ich schrieb es nur für dich,
und dann küsst du mich, denn zu meinem Glück
weißt du nicht:
Das ist alles nur geklaut ...

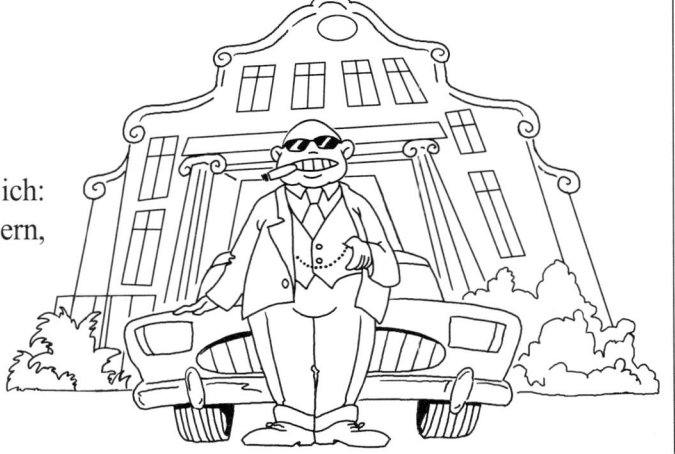

Über den Wolken

Reinhard Mey

1. Wind Nord-Ost, Start-bahn null - drei, bis hier hör ich die Mo-to-ren.
Wie ein Pfeil zieht sie vor-bei und es dröhnt in mei-nen Oh-ren;
und der nas-se As-phalt bebt. Wie ein Schlei-er staubt der Re-gen,
bis sie ab-hebt und sie schwebt der Son-ne ent-ge-gen.
Ü-ber den Wol-ken muss die Frei-heit wohl gren-zen-los sein.
Al-le Äng-ste, al-le Sor-gen, sagt man, blie-ben da-run-ter ver-bor-gen und dann
wür-de, was hier groß und wich-tig er-scheint, plötz-lich nich-tig und klein.

2. Ich seh ihr noch lange nach,
seh sie die Wolken erklimmen,
bis die Lichter nach und nach
ganz im Regengrau verschwimmen.
Meine Augen haben schon
jenen winz'gen Punkt verloren.
Nur von fern klingt monoton
das Summen der Motoren.

3. Dann ist alles still, ich geh.
Regen durchdringt meine Jacke;
irgendjemand kocht Kaffee
in der Luftaufsichtsbaracke.
In den Pfützen schwimmt Benzin,
schillernd wie ein Regenbogen.
Wolken spiegeln sich darin.
Ich wär gern mitgeflogen.

Christiane Heyde / Benedikt Heyde: Musik in der 5./6. Klasse
© Persen Verlag GmbH, Buxtehude

Hey, hallo

Hey, hal-lo, bon-jour, gu-ten Tag. Wel-come, wel-come,

wel-come, wel-come; bue-nos di-as, bue-nos di-as.

Begleitung: _____

Kookaburra

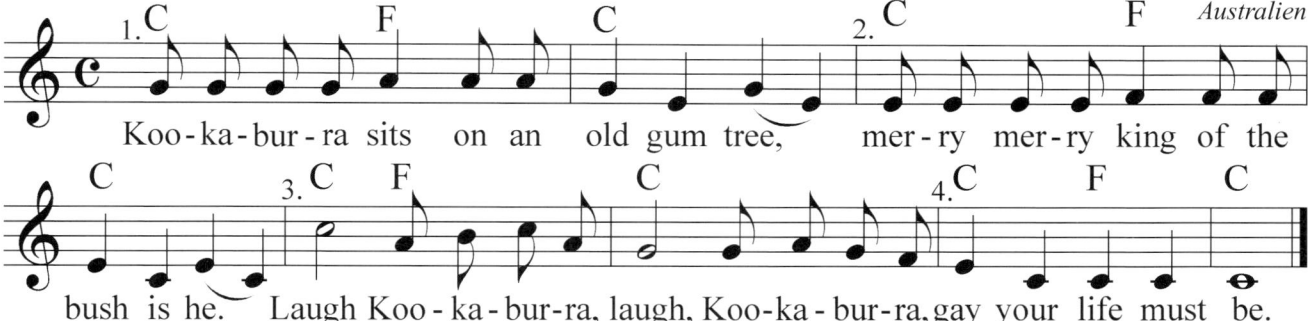

Koo-ka-bur-ra sits on an old gum tree, mer-ry mer-ry king of the

bush is he. Laugh Koo-ka-bur-ra, laugh, Koo-ka-bur-ra, gay your life must be.

Sprechen mehr als 110

Spre-chen mehr als hun-dert-zehn auf ein-mal, so wirst du sehn,

ist der hun-dert-elf-te nicht mehr deut-lich zu ver-stehn.

Ein Kanon _____

_____

_____

Karawanensong

Israel / dt. T.: Benedikt Heyde

He-cha-lutz le - maan a - vo-dah, a - vo-dah le - maan he-cha-lutz.

Wüs-ten-sand ist ih - re Stra - ße, Ka-ra-wan zieht zu der O - a - se.

Sum ga-li - ga-li ga-li, sum ga-li - ga-li, sum ga-li-ga-li ga-li, sum ga-li ga-li.

Begleitung:

Percussion   *Percussion*

Wüsten-Kanon

Detlef Hagge

Willst du durch die Wüs-te ra-sen, ü-ber-sieh nicht die O-a-sen! Sonst wirst du sehr

schnell zur Schne-cke, schon auf hal-ber Stre-cke! Was-ser! Was-ser! Wa-a - a-as-ser!

Begleitung: a)

b)

Christiane Heyde / Benedikt Heyde: Musik in der 5./6. Klasse
© Persen Verlag GmbH, Buxtehude

Bobo waro fero Satodeh

Nigeria

Bo - bo wa - ro fe - ro sa - to - deh.

Bo - bo wa - ro fe - ro sa - to - deh.

Bo - bo wa - ro, bo - bo wa - ro, bo - bo wa - ro, bo - bo wa - ro,

bo - bo wa - ro fe - ro sa - to - deh.

Begleitung:

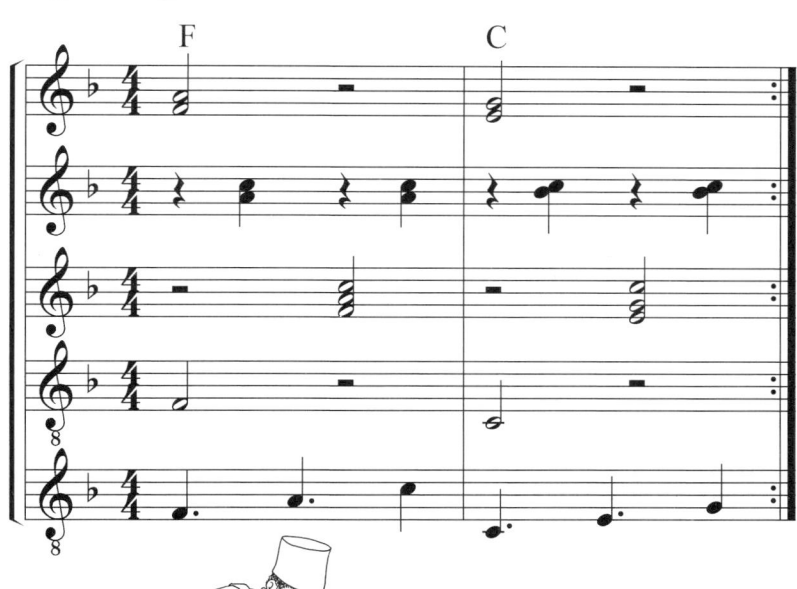

Die Töne auf dem Klavier:

F

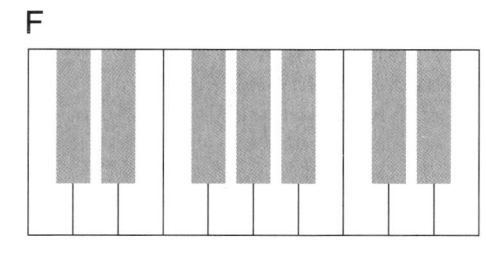

C

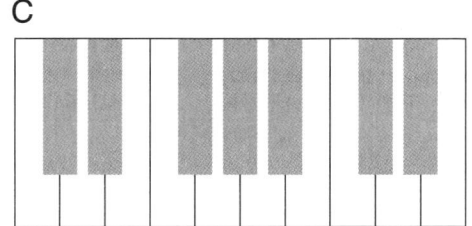

Begleitrhythmen:

Congas/Bongos

Schellenring/Claves

Drumset

Rock my soul

USA

1. C ... G7
Rock my soul in the bos-som of A - bra - ham, rock my soul in the bos-som of A - bra - ham,

C ... G7 ... C
rock my soul in the bos-som of A - bra - ham, oh, rock - a my soul.

2. C ... G7
So high I can't get o - ver it, so low I can't get un - der it,

C ... C ... G7 ... C
so wide I can't get round of it, can't get through the door.

3. C ... G7 ... C ... G7 ... C
Rock my soul, rock my soul, rock my soul, rock my soul.

Die Griffe auf der Gitarre:

C ... G⁷

Die Grundtöne auf dem Bass:

Christiane Heyde / Benedikt Heyde: Musik in der 5./6. Klasse
© Persen Verlag GmbH, Buxtehude

Atte katte nuwa

Atte katte nuwa, atte katte nuwa,

E misa de, misa dula misa de.

Hexa kola misa woate, hexa kola misa woate.

Atte katte nuwa, atte katte nuwa,

E misa de, misa dula misa de.

He's got the whole world

1. He's got the whole world in his hand,

   he's got the whole world in his hand.

   He's got the whole world in his hand,

   he's got the whole world in his hand.

2. He's got the tiny little baby in his hand.
3. He's got you and me brother in his hand.
4. He's got the son and his father in his hand.
5. He's got the mother and the daughter in his hand.
6. He's got everybody here in his hand.
7. He's got the sun and the moon in his hand.

Mit diesen beiden Griffen auf der „Einfinger-Gitarre" kannst du beide Lieder begleiten.
Schreibe dazu die Akkordbezeichnungen an der richtigen Stelle über den Text.

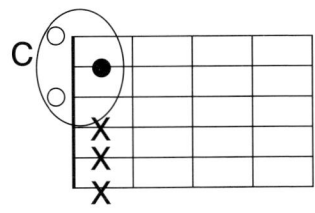
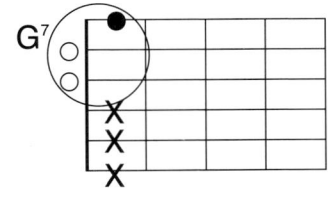

Herbst ist da

England / dt. T.: Hannes Kraft
© by Möseler Verlag, Wolfenbüttel

1. Herbst ist da, der Som-mer ver-geht, küh-ler die Win - de wehn.

Hin - ter den Wäl-dern, ü - ber den Fel - dern leuch-tet der Mond so schön.

2. Herbst ist da, so singt euer Lied,
   mag auch der Sommer vergehn.
   Heller die Sterne, näher die Ferne,
   glänzet der Mond so schön.

3. Herbst ist da, es ruhet die Zeit,
   klagendes Lied wird still.
   Will nichts mehr fragen,
   will nichts mehr sagen,
   Welt hat ein End und Ziel.

Hey ho

England

Hey ho, no-bo-dy at home? Meat no, drink no,

mo-ney have I none, yet I will be hap - py, yet I will be hap - py!

Halloween

traditionell

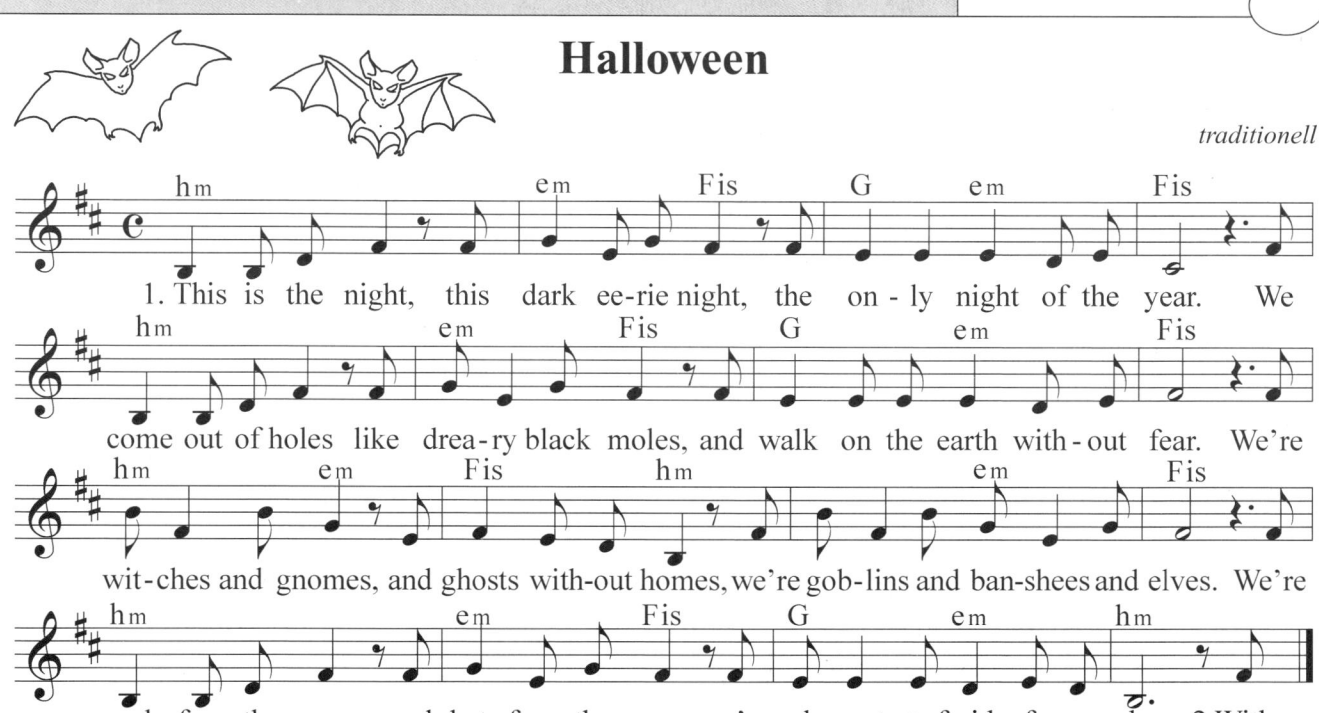

1. This is the night, this dark ee-rie night, the on-ly night of the year. We
come out of holes like drea-ry black moles, and walk on the earth with-out fear. We're
wit-ches and gnomes, and ghosts with-out homes, we're gob-lins and ban-shees and elves. We're
spooks from the graves, and bats from the caves, we're al-most a-fraid of our-selves. 2. With

2. With shriekings and moans
   and rattling of bones. We'll laugh
   and we'll wail and we'll weep.
   But hours flow by, dawn creeps to the sky
   and we must return to our sleep.
   We're witches ...

Zwei Begleitrhythmen:

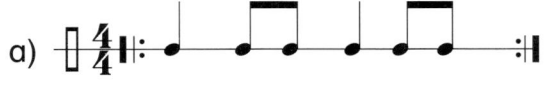

a)

b)

Melodische Begleitung:

Spiele auf deinem Instrument die Töne einer Zeile als halbe Noten. Wähle dann einen der beiden Begleitrhythmen und spiele die Töne in diesem Rhythmus. Achtung: Die Takte eins bis vier werden wiederholt.

Takt	1	2	3	4	9	10	11	12	13	14	15	16
Spieler	5	6	7	8								
Grundton	h h	e F#	G e	F# F#	h e	F# h	h e	F# F#	h h	e F#	G e	h
Akk 1	h h	h a#	h h	a# a#	h h	a# h	h h	a# a#	h h	h a#	h h	h
Akk 2	f# f#	g f#	g g	f# f#	f# g	f# f#	f# g	f# f#	f# f#	g f#	g g	f#
Akk 3	d d	e c#	d e	c# c#	d e	c# d	d e	c# c#	d d	e c#	d e	d
Bass	A^2 A^2	E^0 E^2	E^3 E^0	E^2 E^2	A^2 E^0	E^2 A^2	A^2 E^0	E^2 E^2	A^2 A^2	E^0 E^2	E^3 E^0	A^2

Black and Gold

Irland

2. Black and gold, black and gold,
   it's Halloween tonight.
   Yellow pumpkin, yellow moon,
   yellow candlelight.
   Black and gold, black and gold,
   it's Halloween tonight.
   Yellow pumpkin, yellow moon,
   yellow candlelight.

3. Black and gold, black and gold,
   it's Halloween tonight.
   Brooms and cats and pitch-black hats,
   and a pitch-black night.
   Black and gold, black and gold,
   it's Halloween tonight.
   Yellow pumpkin, yellow moon,
   yellow candlelight.

Die Töne auf dem Klavier:

em

hm

H⁷

am

Christiane Heyde / Benedikt Heyde: Musik in der 5./6. Klasse
© Persen Verlag GmbH, Buxtehude

La Bamba

Mexiko

Pa-ra bai-lar la Bam-ba, pa-ra bai-lar la Bam-ba se ne-ce-si

u-na po-ca de gra-cia, u-na-po-ca de gra-cia pa-ra mi pa-ra ti,

y'a a-ri-ba, y'a-ri-ba. Y'a-ri-ba, y'a-ri-ba. Por ti se-ré,

por ti se-ré, por ti se-ré. Yo no soy ma-ri-ne-ro,

yo no soy ma-ri-ne-ro, soy ca-pi-tan, soy ca-pi-tan, soy ca-pi-tan.

Bam - ba, bam - ba, bam - ba, bam - ba.

Begleitrhythmen:

a)

b)

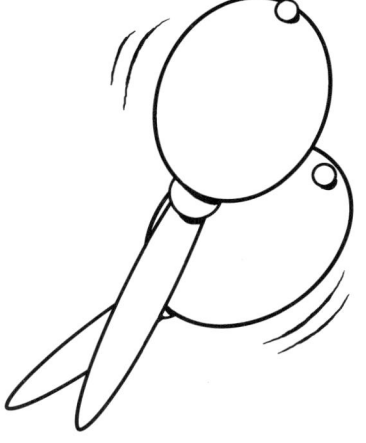

Die Grundtöne auf dem Bass:

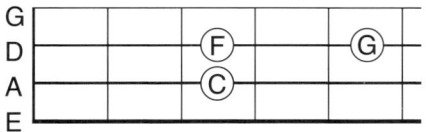

Begleitung:

Wir sind Kinder einer Erde

Volker Ludwig / Birger Heymann

Wir sind Kin - der ei - ner Er - de, die ge - nug für al - le

hat; doch zu vie - le ha - ben Hun - ger und zu we - ni - ge sind satt.

Schluss-Strophe

Vie - le Kin - der frem - der Län - der sind in uns - rer Stadt zu Haus. Wir sind
Welt ist auch die uns - re, sie ist hier und ne - ben - an. Und wir

Kin - der ei - ner Er - de, doch was ma - chen wir da - raus? Ih - re
wol - len sie ver - än - dern, kommt wir . . . . fan - gen bei uns an!

2. Einer prasst, die andern zahlen,
das war bisher immer gleich.
Nur weil viele Länder arm sind,
sind die reichen Länder reich.

3. Wir sind Kinder einer Erde,
doch es sind nicht alle frei,
denn in vielen Ländern herrschen
Militär und Polizei.

4. Viele sitzen im Gefängnis,
Angst regiert von spät bis früh.
Wir sind Kinder einer Erde,
aber was tun wir für sie?

*Grafik:
Juliane Timmermann*

Erfinde zwei passende Begleitrhythmen:

a)  b)

Christiane Heyde / Benedikt Heyde: Musik in der 5./6. Klasse
© *Persen Verlag GmbH, Buxtehude*

Des Morgens früh

Frankreich / dt. T.: Fritz Schröder

em
am

1. Des Mor - gens früh, im Däm - mern sah ich sie, die heil - gen Kö - ni - ge mit

H7
em

ih - ren Scha - ren. Mein Blick, ge - bannt, ver - folg - te un - ver - wandt den

am
H7
em
H7
em

Zug der Kö - ni - ge aus Mor - gen - land. Dem Zug vo - ran gin - gen

H7
em
am
H7

drei - ßig Mann mit Pau - ken und mit Trom - pe - ten und Fan - fa - ren. Dem

em
H7
am
em H7 em

Zug vo - ran gin - gen drei - ßig Mann, die hat - ten wun - der - schö - ne Klei - der an.

2. Dann kam aus Gold ein Wagen angerollt,
darin drei Könige aus fremden Landen.
Ich konnt sie sehn im Wagen aufrecht stehn
und ihre Feldstandarte sie umwehn.
Aus weiter Fern hat ein heller Stern
sie hergeführt, bis zum Stall den Weg sie fanden.
Aus weiter Fern hat ein heller Stern
sie hergeführt zu Lob und Preis des Herrn.

3. Dem Gottessohn die Krippe ward zum Thron,
die Weisen brachten Weihrauch, Gold und Myrrhen.
Und in die Knie anbetend gingen sie
an jenem Gottesmorgen in der Früh.
Geboren ward uns ein Knäblein zart,
zu ihm wollt sie seines Sternes Leuchten führen.
Geboren ward uns ein Knäblein zart,
als Licht der Welt sein Stern es offenbart.

Begleitung:

Die Griffe auf der Gitarre:

em   am   H7

Ein heller Stern hat in der Nacht

M.: Detlev Jöcker
T.: Rolf Krenzer
aus: Sei gegrüßt, lieber Nikolaus
© by Menschenkinder Verlag und
Vertrieb GmbH, Münster

1. Ein hel - ler Stern hat in der Nacht die Bot-schaft in die Welt ge - bracht. Ein
hel - ler Stern hat in der Nacht die Bot-schaft in die Welt ge-bracht.
Glo-ri - a! Glo-ri - a! Hal - le-lu - ja. Glo-ri - a! Glo-ri - a! Hal - le - lu - ja. le - lu - ja.

2. Die Engel haben auf dem Feld den Hirten es zuerst erzählt.
3. Die Hirten ließen alles stehn, um zu dem Kind im Stall zu gehen.
4. Der helle Stern hat in der Nacht die Könige zum Stall gebracht.
5. So wissen alle nun davon: Gott schenkt uns seinen eignen Sohn.
6. Drum freut euch all, ihr lieben Leut: Dankt Gott und feiert Weihnacht heut.

Marias Schlaflied

Polen / dt. T.: Klaus Hofmann

1. Je - sus-kind schla - fe, sollst ru - hen und träu - men!
Drau - ßen da ra - schelt der Wind in den Bäu - men.
Schla - fe, mein Kind, schlaf ein, lei - se, ganz lei - se,
trägt dich mein Lied mit sich fort auf die - se Rei - se.

2. Träum von den Hirten, sie brachten dir Gaben, obwohl sie selbst kaum zum Leben was haben.
Schlafe, mein Kind ...
3. Träum von den Königen aus fernen Landen, die mit dem Stern ihren Weg zu dir fanden.
Schlafe, mein Kind ...
4. Träum von den Kindern, von ihren Besuchen, schenkten dir Blaubeeren, Mandeln und Kuchen.
Schlafe, mein Kind ...

Christiane Heyde / Benedikt Heyde: Musik in der 5./6. Klasse
© Persen Verlag GmbH, Buxtehude

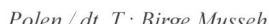

O, mein liebes kleines Sternchen

Polen / dt. T.: Birge Mussehl

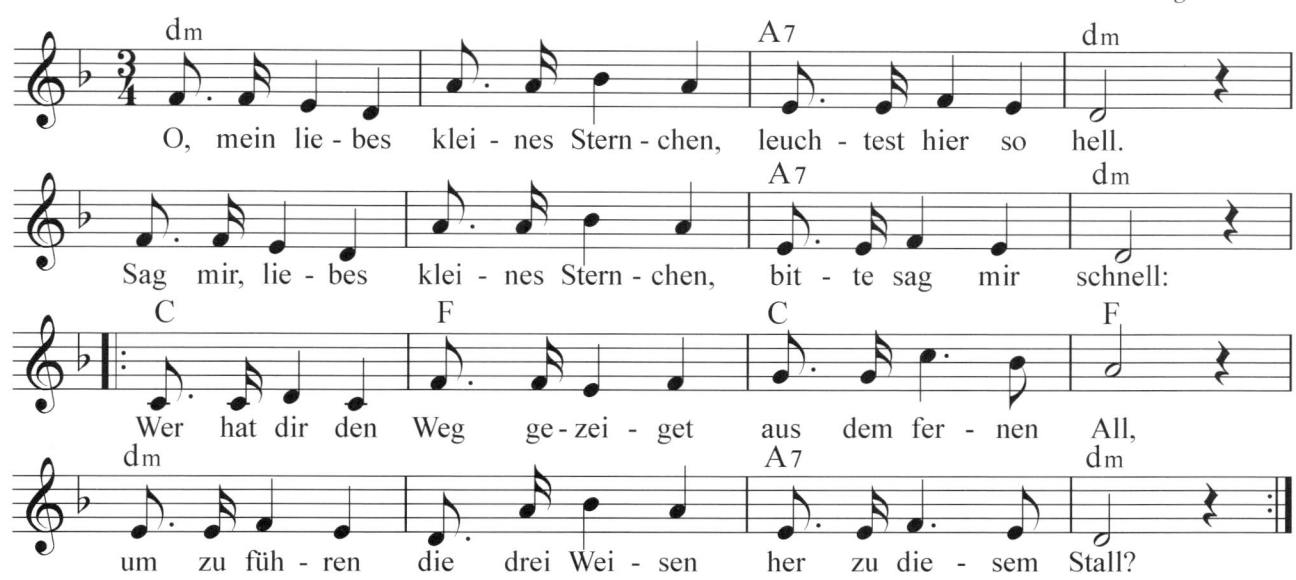

O, mein lie - bes klei - nes Stern - chen, leuch - test hier so hell.

Sag mir, lie - bes klei - nes Stern - chen, bit - te sag mir schnell:

Wer hat dir den Weg ge - zei - get aus dem fer - nen All,

um zu füh - ren die drei Wei - sen her zu die - sem Stall?

2. O, mein liebes kleines Sternchen,
   hell machst du die Nacht.
   Weckst, mein liebes kleines Sternchen, alle Menschen sacht.
   Und sie eilen her zum Stalle, wolln das Wunder sehn,
   das an dieser heil'gen Stätte für sie ist geschehn.

3. O, mein liebes kleines Sternchen,
   weithin strahlt dein Schein;
   sagst uns, liebes kleines Sternchen,
   wir sind nicht allein.
   Denn das Kind dort in der Krippe,
   das da liegt auf Stroh,
   hat geschickt der Herr des Himmels,
   dass wir werden froh.

Begleitung:

Alegría

traditionell

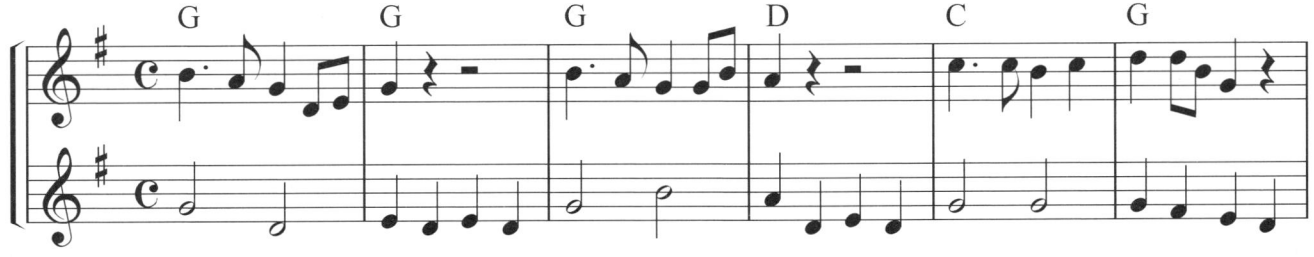

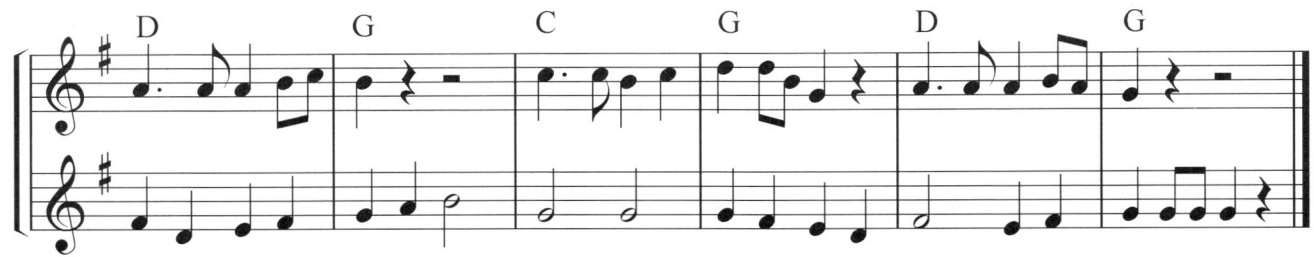

Instrument		Merkspruch	Notation
Conga		Hand aufs Fell, Conga	
Schellenring		Schellenring	
Maracas		Rissel, rassel, maracassel	
Bongos		Back, der Bongoschlag	
Guiro		Ritsch, Guiro, ratsch, Guiro	
Basstrommel		Bumm, der Schlag	

Die Griffe auf der Gitarre:

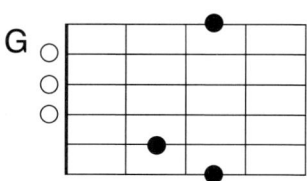 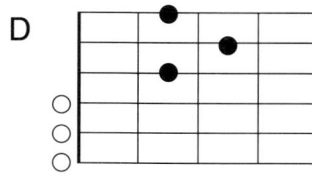 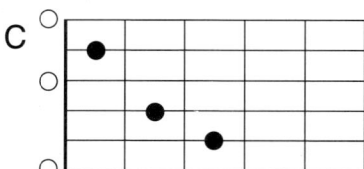

Die Töne auf dem Xylofon:

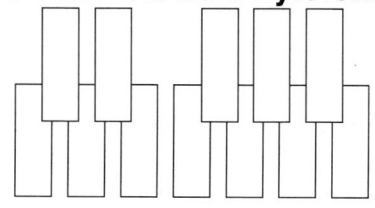

Die Töne auf dem Bass:

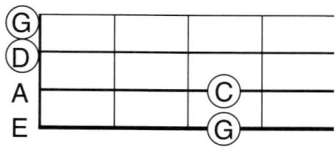

Christiane Heyde / Benedikt Heyde: Musik in der 5./6. Klasse
© Persen Verlag GmbH, Buxtehude

Fledermaus-Blues

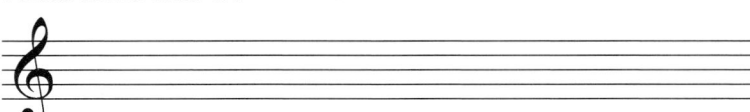

Halbtöne mit b:

Töne auf dem Xylofon:

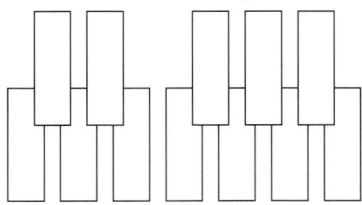

Töne auf dem Klavier:

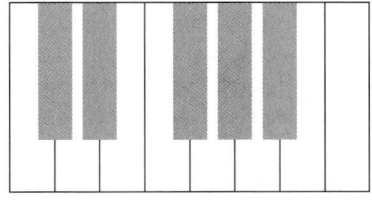

Powerchords für Gitarre:

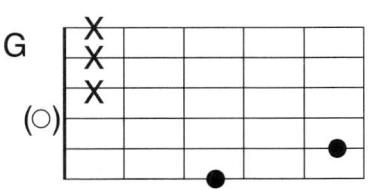

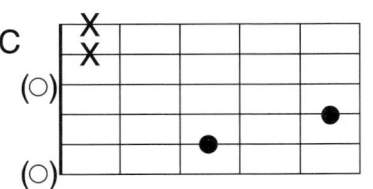

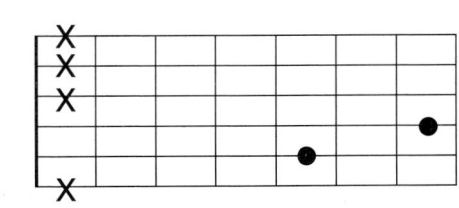

_____

_____

_____

Der Nurzweitönesong

Christoph Schönherr

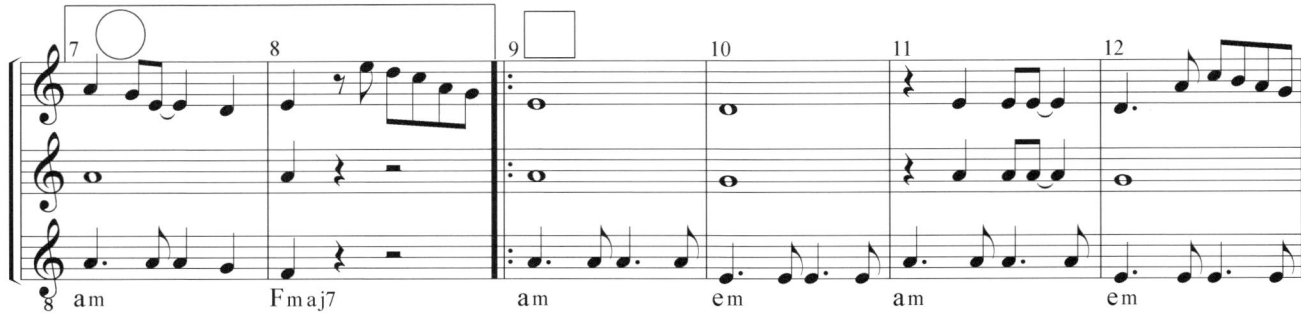

Der Nurzweitönesong hat die Form ___ ___ ___ ___.

Begleitrhythmen:

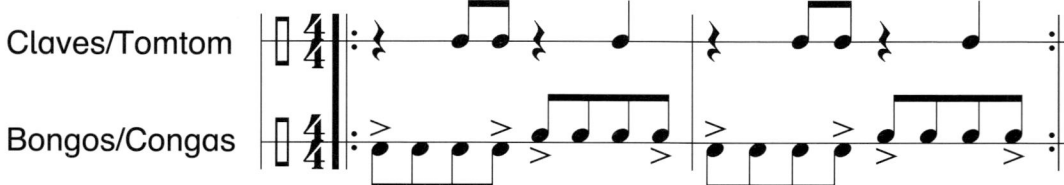

Claves/Tomtom

Bongos/Congas

Die Griffe auf der Gitarre:

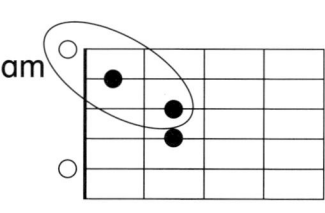

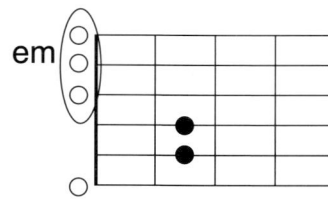

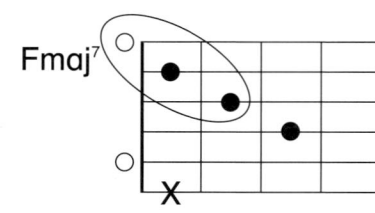

Christiane Heyde / Benedikt Heyde: Musik in der 5./6. Klasse
© Persen Verlag GmbH, Buxtehude

Samba lélê

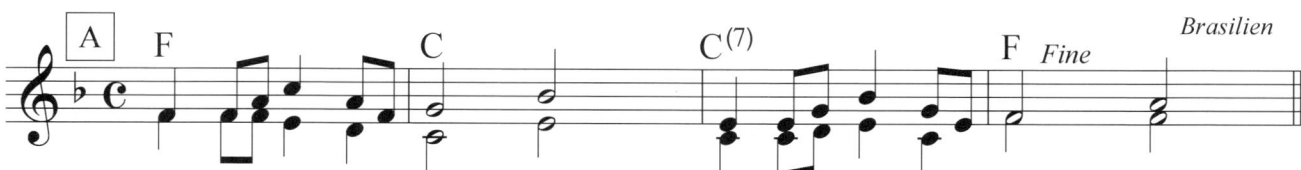

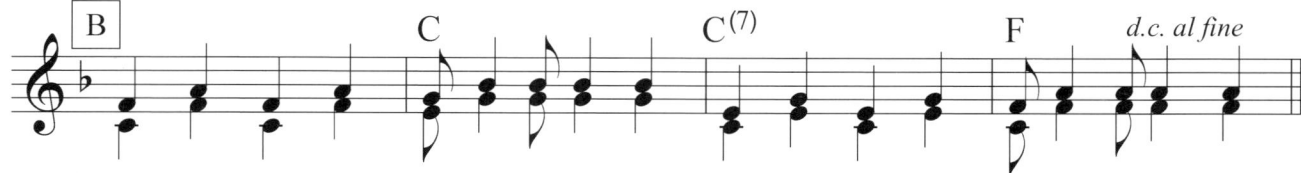

Begleitung:

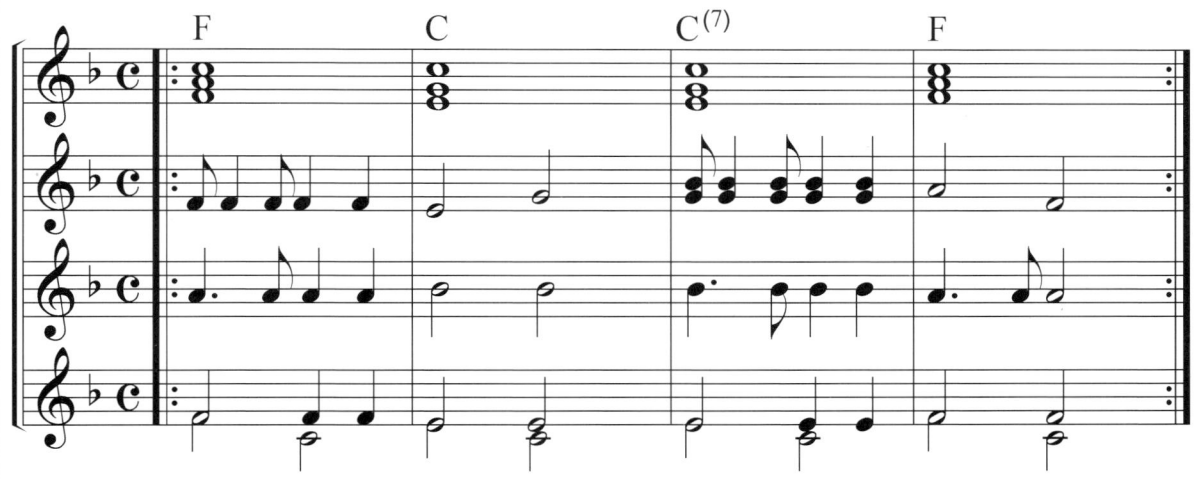

Die Töne auf dem Bass:

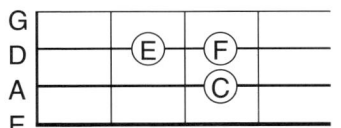

Die Töne auf dem Klavier:

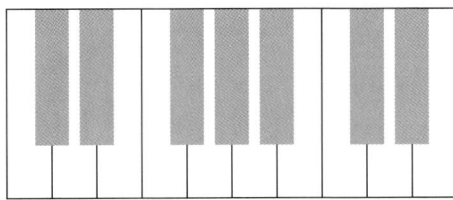

Die Töne auf dem Xylofon:

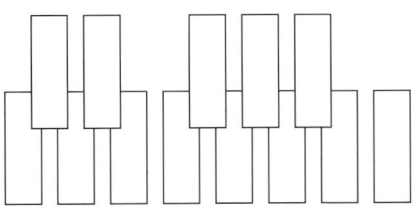

Dance of the little fairies

Herbie Flowers

Christiane Heyde / Benedikt Heyde: Musik in der 5./6. Klasse
© Persen Verlag GmbH, Buxtehude

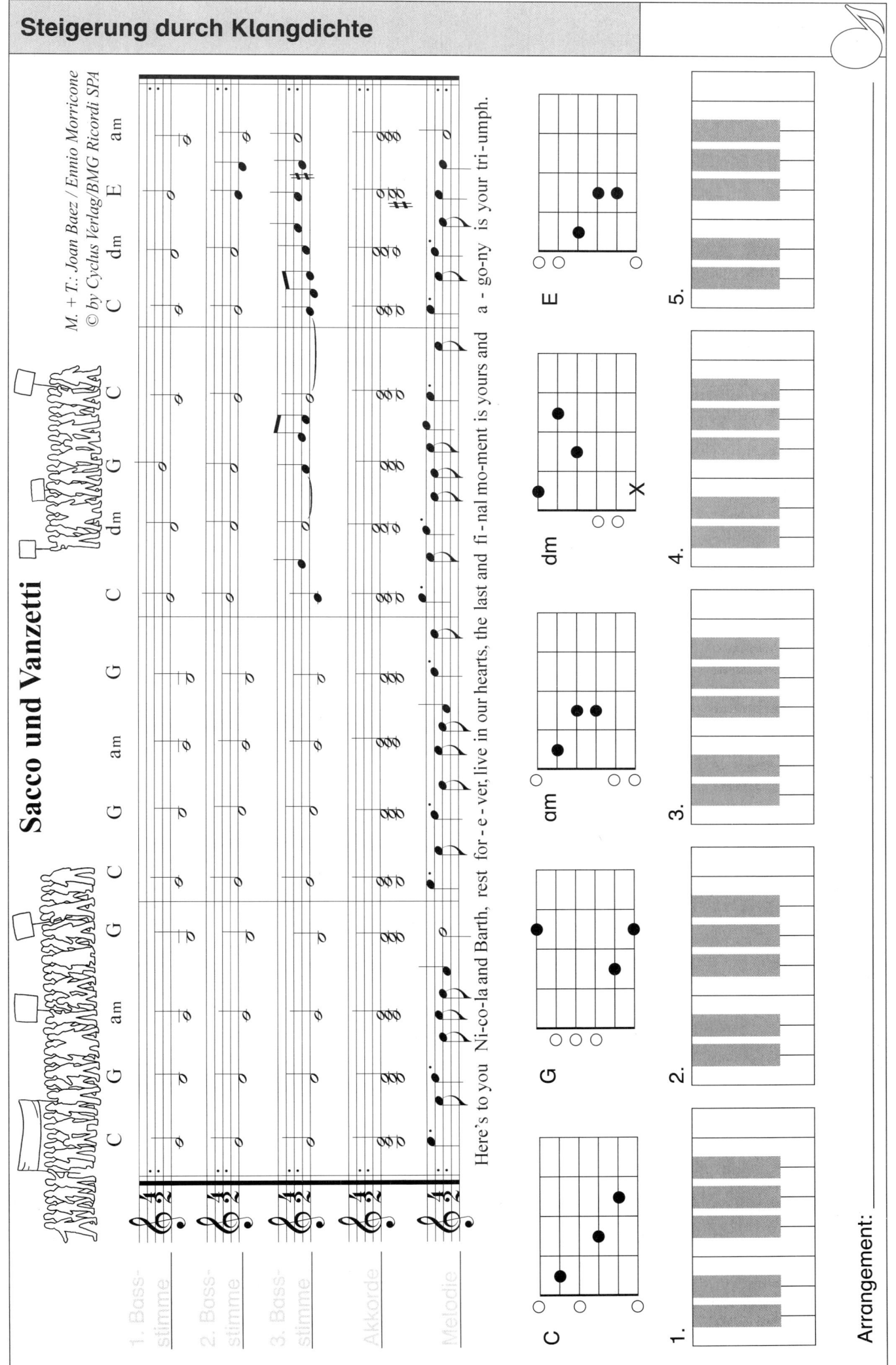

Sacco und Vanzetti

M. + T.: Joan Baez / Ennio Morricone
© by Cyclus Verlag/BMG Ricordi SPA

Here's to you Ni-co-la and Barth, rest for - e - ver, live in our hearts, the last and fi - nal mo-ment is yours and a - go-ny is your tri-umph.

1. Bass-stimme
2. Bass-stimme
3. Bass-stimme
Akkorde
Melodie

Arrangement:

Schiarazula Marazula

Giorgio Mainerio (1578)

Begleitrhythmen:

a)

_____

_____

b)

_____

c)

_____

Menuett

*Johann Sebastian Bach,
aus dem „Notenbüchlein"
für Anna Magdalena Bach (1725)*

Air russe

Ludwig van Beethoven
A.: Benedikt Heyde

Die Griffe auf der Gitarre:

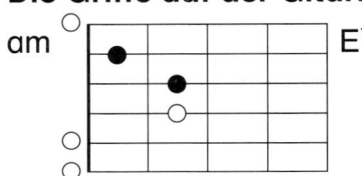 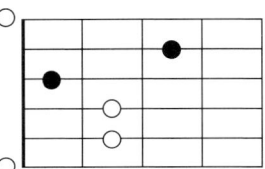 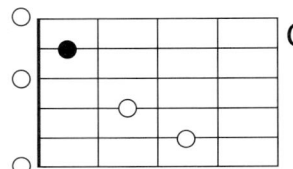 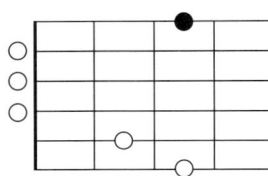

Die Töne auf dem Bass:

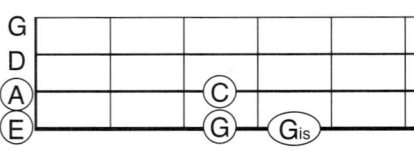

Die Töne auf der Flöte:

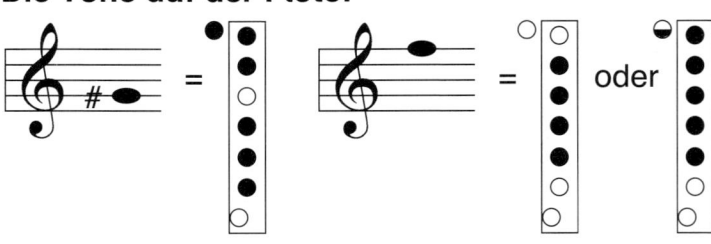

Christiane Heyde / Benedikt Heyde: Musik in der 5./6. Klasse
© Persen Verlag GmbH, Buxtehude

In der Halle des Bergkönigs

Edvard Grieg
A.: Benedikt Heyde

...									
16									
15									
14									
13									
12									
11									
10									
9									
8									
7									
6									
5									
4									
3									
2									
1									

Christiane Heyde / Benedikt Heyde: Musik in der 5./6. Klasse
© Persen Verlag GmbH, Buxtehude

Note \ Zählzeit	1	und	2	und	3	und	4	und	1	und	2	und	3	und	4	und
Ganze																
Halbe																
Viertel																
Achtel																
Achtel mit Balken																
punktierte Halbe																
punktierte Viertel																

Erfinde eigene Rhythmen:

1	und	2	und	3	und	4	und	1	und	2	und	3	und	4	und

Schreibe den Rhythmus von drei Liedanfängen auf, die du kennst:

Titel	1	und	2	und	3	und	4	und	1	und	2	und	3	und	4	und

Notenwerte und Pausen

Trage ein:

Note	Pause	Bezeichnung
		Ganze/ganze Pause
	▬	Halbe/halbe Pause
♩		Viertel/Viertelpause
		Achtel/Achtelpause
♩.		punktierte Halbe/punktierte halbe Pause
		punktierte Viertel/punktierte Viertelpause
		punktierte Achtel/punktierte Achtelpause
♪		Sechzehntel/Sechzehntelpause

Löse die „Gleichungen":

𝅝 dauert so lange wie ☐ + ☐

𝅗𝅥. dauert so lange wie ☐ + ☐ + ☐

𝅗𝅥 dauert so lange wie ☐ + ☐ oder ☐ + ☐ + ☐ + ☐ oder ☐ + ☐

Erfinde eigene Rhythmen mit Pausen, schreibe sie auf und spiele sie:

Christiane Heyde / Benedikt Heyde: Musik in der 5./6. Klasse
© Persen Verlag GmbH, Buxtehude

Tonhöhen im Notensystem

Das System zum
Aufschreiben von
Noten besteht aus

_____

fünf Linien .

Dabei
ergeben sich

_____

vier Zwischenräume .

Trage die Namen der Töne ein:

d e f g a h c d e f g

Für höhere und tiefere Töne werden _____*Hilfslinien*_____ verwendet.

Trage die Namen der Töne ein:

g a h c a h c

**Schreibe eigene Melodien aus Tönen mit und ohne Hilfslinien auf
und spiele sie auf einem Instrument:**

Noten lesen, spielen und schreiben

Melodien:

... aus zwei Tönen

... aus drei Tönen

... aus fünf Tönen

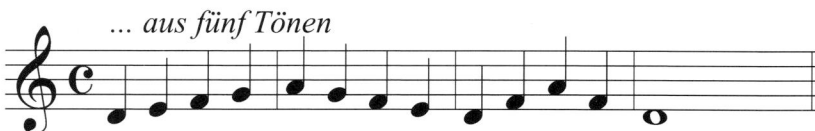

Ein kleines Fünf-Ton-Stück:

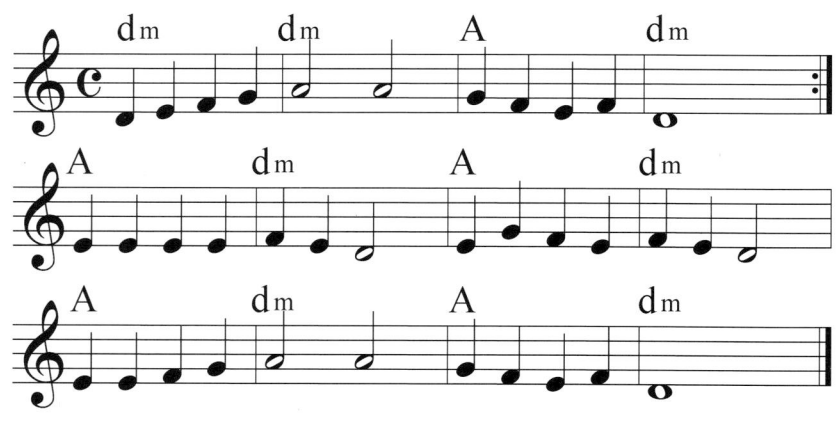

Blockflöte:

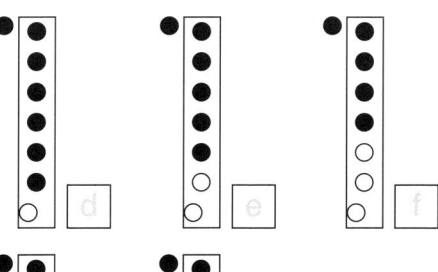

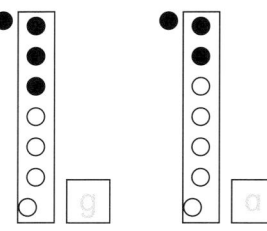

Xylofon:

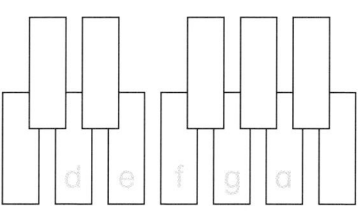

Klavier:

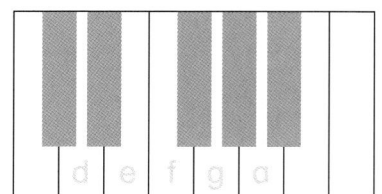

Bass:

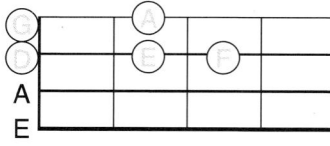

Geige:

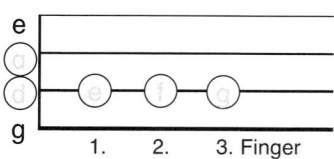

Titel

Christiane Heyde / Benedikt Heyde: Musik in der 5./6. Klasse
© Persen Verlag GmbH, Buxtehude

Das Klavier: Tasten, Töne und Noten

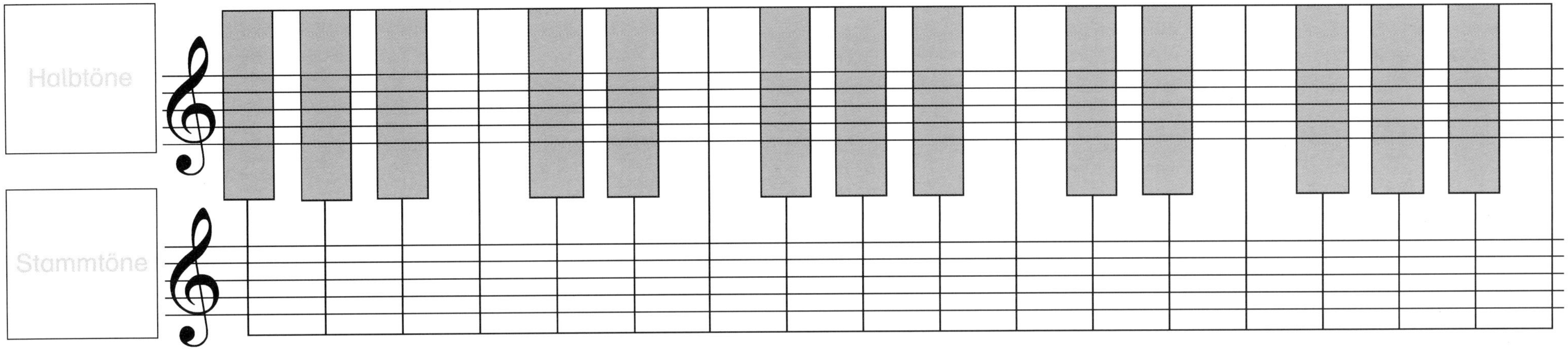

Halbtöne

Stammtöne

weiße Tasten – schwarze Tasten – erniedrigt – erhöht – Stammtöne – Halbtöne – Kreuz – b

Schreibe einen Text über den Zusammenhang von Tasten und Noten. Alle oben genannten Begriffe sollen dabei verwendet werden.

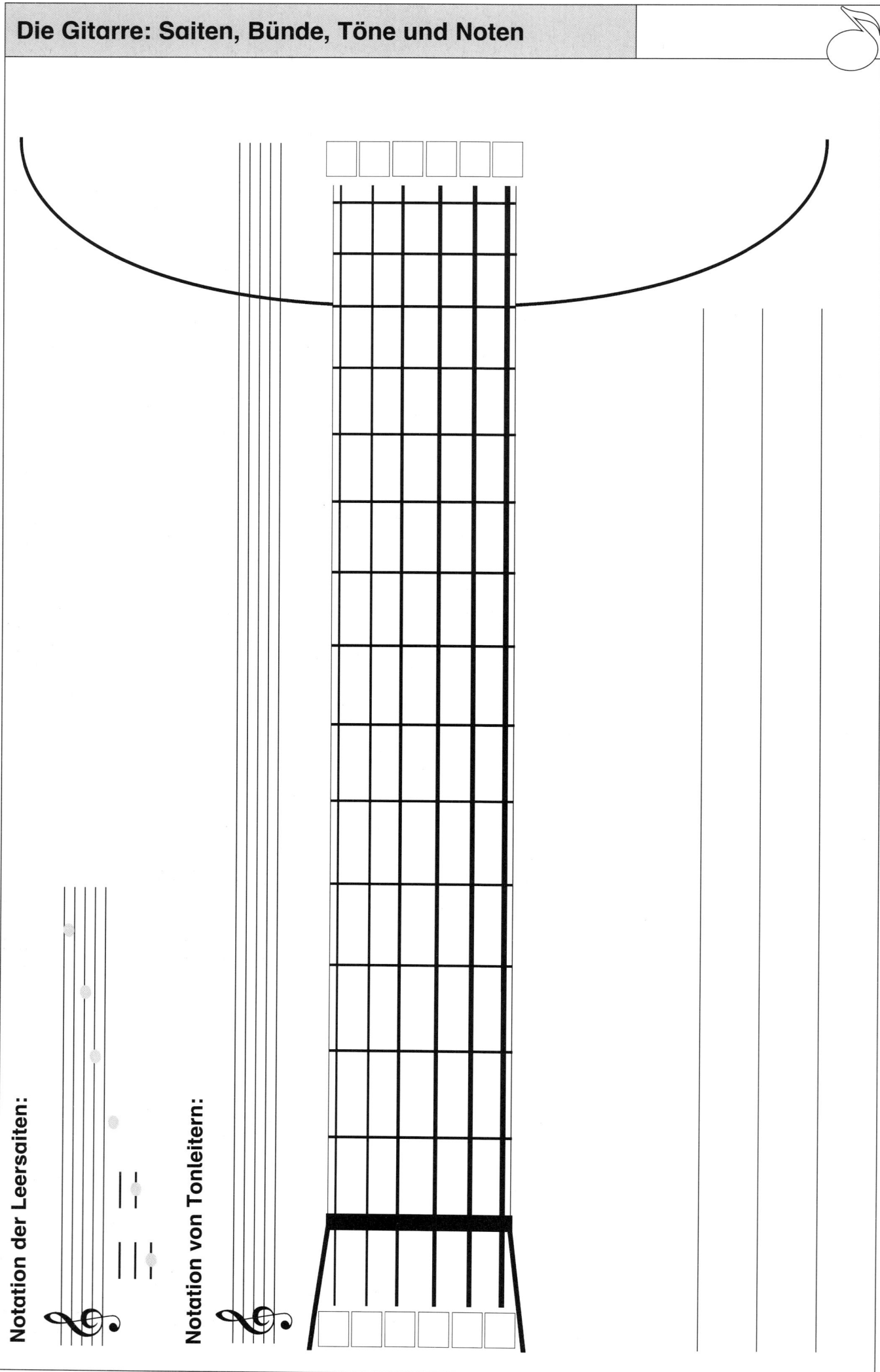

Notation der Leersaiten:

Notation von Tonleitern:

Christiane Heyde / Benedikt Heyde: Musik in der 5./6. Klasse
© Persen Verlag GmbH, Buxtehude

C-Dur-Tonleiter

Dreiklang

G-Dur

F-Dur

Moll-Tonleiter und Moll-Dreiklang

a-Moll-Tonleiter

Dreiklang

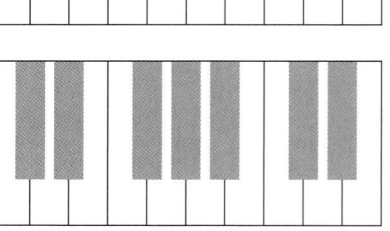

e-Moll

d-Moll

Christiane Heyde / Benedikt Heyde: Musik in der 5./6. Klasse
© Persen Verlag GmbH, Buxtehude

Die Instrumentengruppen

Xylofon

Saxofon

Geige

Cello

Gitarre

Triangel

Trompete

Banjo

Schreibe zu jedem Instrument seinen Namen. Trage anschließend alle Instrumente nach ihrer Spielweise in die Tabelle ein.

Banjo – Geige – Cello – Gitarre – Triangel – Xylofon – Saxofon – Trompete

Kannst du auch die folgenden Instrumente in die richtige Spalte schreiben?
Harfe – Klarinette – Tuba – Kontrabass – Mandoline – Pauke – Trommel – Becken – Fagott.

Welche Instrumente kennst du noch? Trage sie ein!

blasen	streichen	zupfen	schlagen

Christiane Heyde / Benedikt Heyde: Musik in der 5./6. Klasse
© Persen Verlag GmbH, Buxtehude

Die SCHLAGINSTRUMENTE

_____ Claves

_____ Bongos

_____ Holzblock

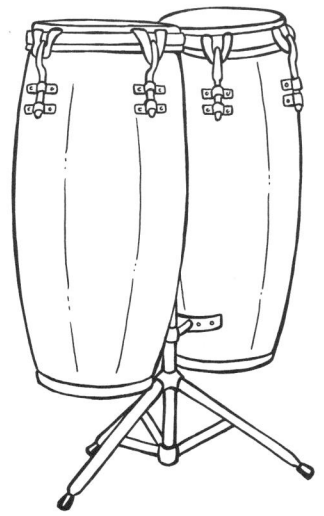

_____ Congas

_____ Guiro

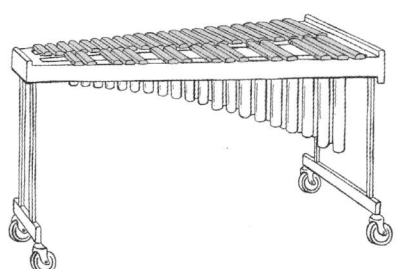

_____ Xylofon

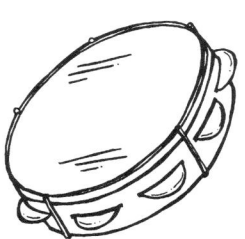

_____ Tamburin

_____ Maracas

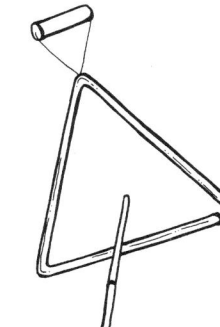

_____ Triangel

_____ Handbecken

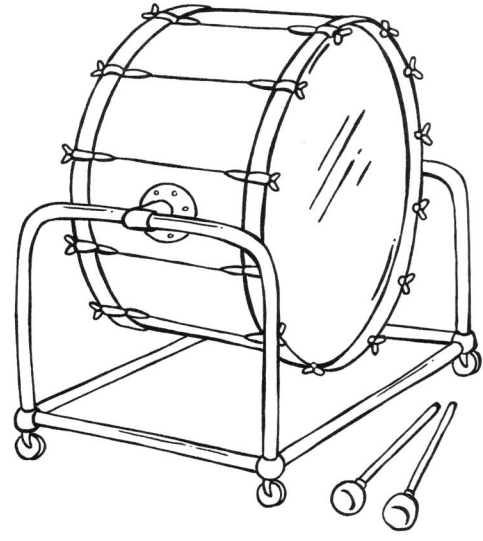

_____ Große Trommel

_____ Kleine Trommel

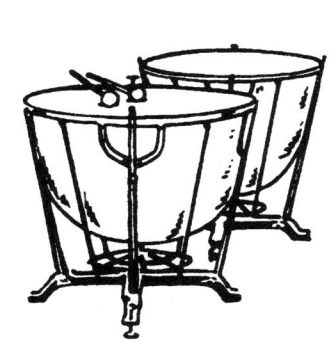

_____ Pauken

Die B L E C H B L A S I N S T R U M E N T E

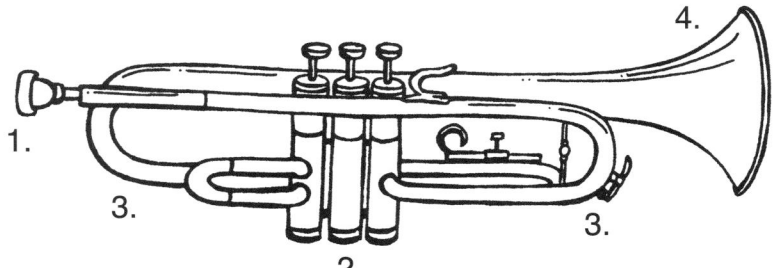

1.
3.
2.
3.
4.

Trompete

Benenne die Teile:

1. Mundstück

2. Ventile

3. Tonbögen

4. Schallstück

Ventile – Mundstück –
Schallstück – Tonbögen

Schreibe die Zahlen an die richtige Stelle und zeichne die Luftwege ein:

1. tiefer Ton – 2. mittlerer Ton – 3. hoher Ton

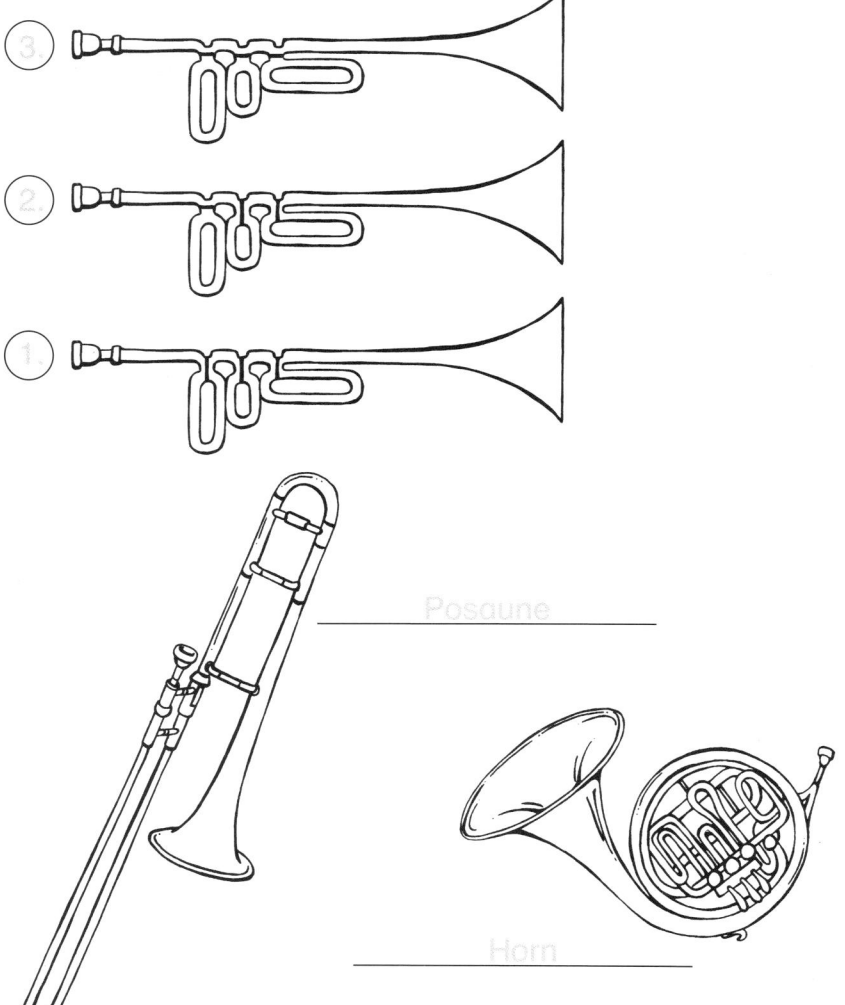

3.

2.

1.

Posaune

Horn

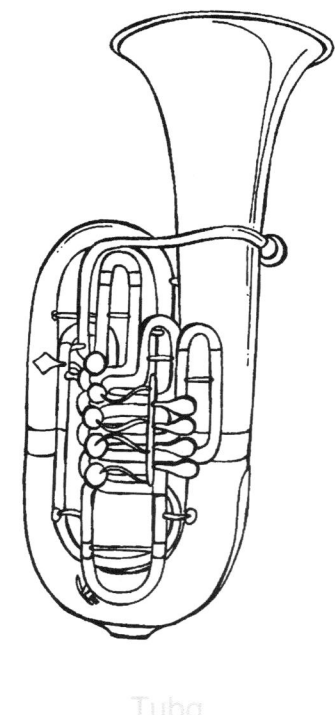

Tuba

_____

_____

_____

_____

Christiane Heyde / Benedikt Heyde: Musik in der 5./6. Klasse
© Persen Verlag GmbH, Buxtehude

Die ☐ H O L Z B L A S I N S T R U M E N T E ☐

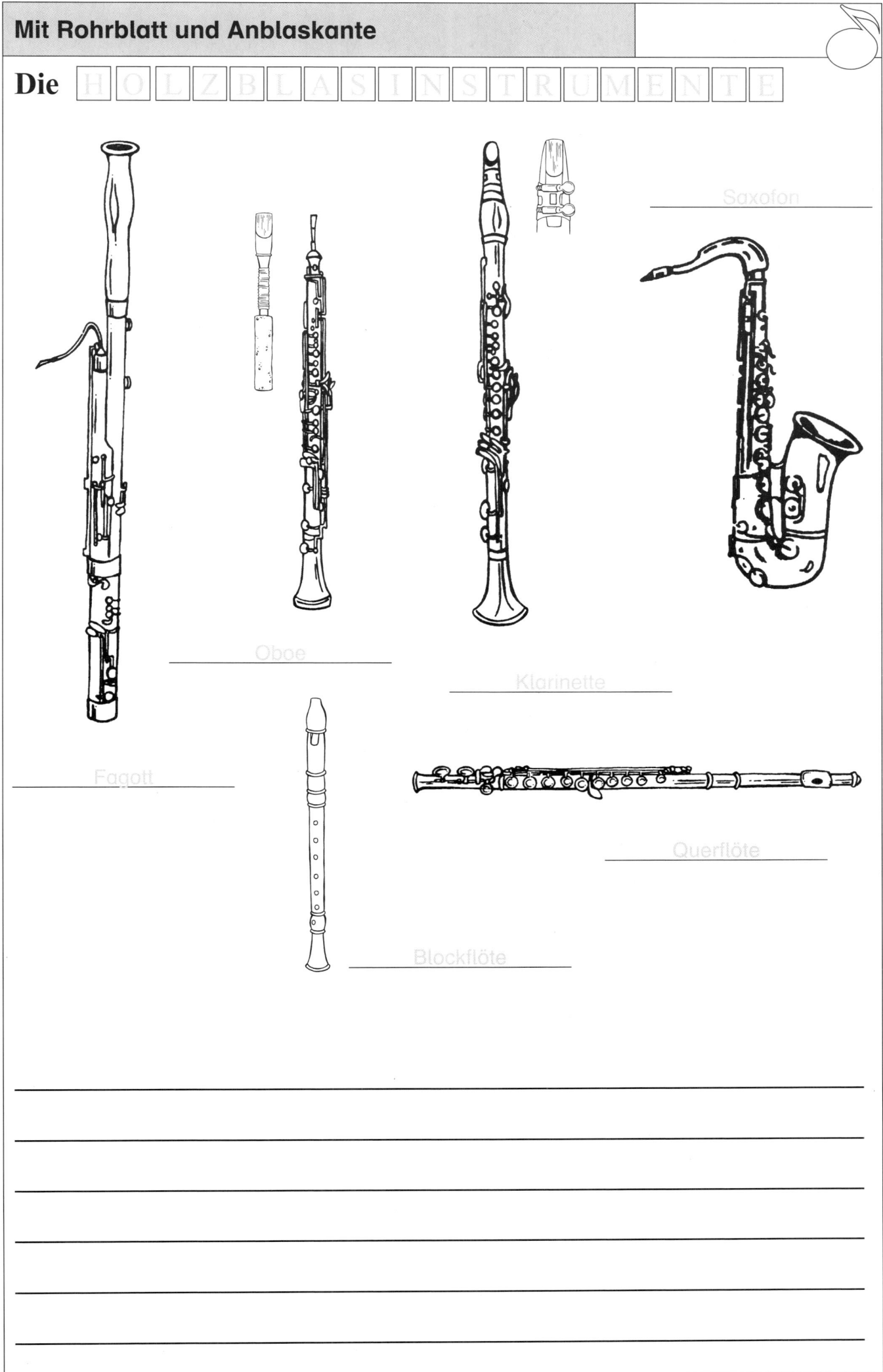

Saxofon

Oboe

Klarinette

Fagott

Querflöte

Blockflöte

Die ☐☐☐☐☐☐☐☐☐☐☐☐☐☐☐

Benenne die Bauteile der Gitarre:

Wirbel _____

Hals _____

Bünde _____

Schallloch _____

Saiten _____

Korpus _____

Balalaika _____

_____

_____

_____

Banjo _____

_____

_____

_____

Mandoline _____

_____

_____

Harfe _____

_____

_____

Zither _____

_____

_____

56

Christiane Heyde / Benedikt Heyde: Musik in der 5./6. Klasse
© Persen Verlag GmbH, Buxtehude

Die STREICHINSTRUMENTE

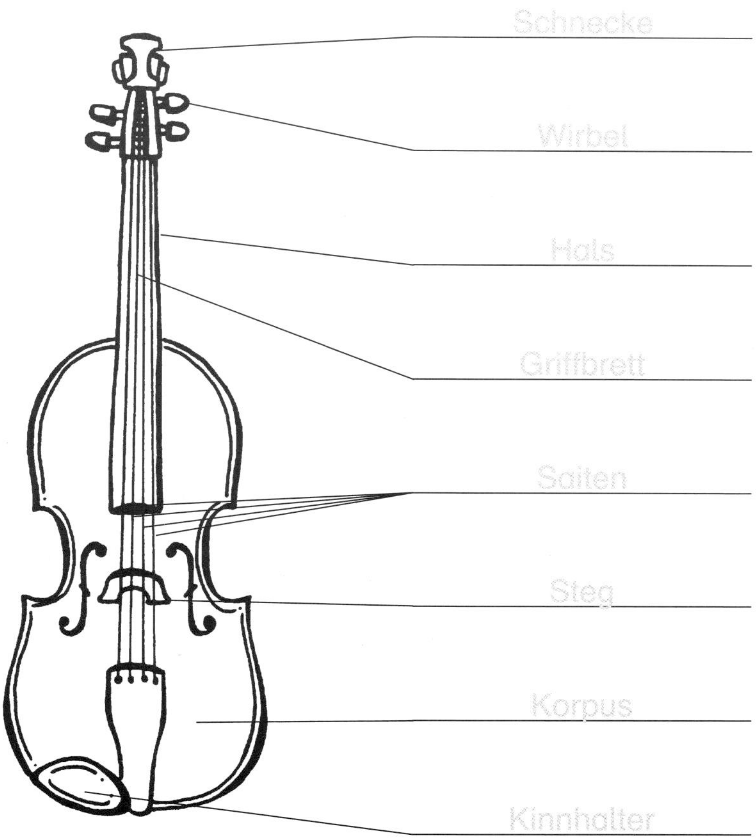

Schnecke

Wirbel

Hals

Griffbrett

Saiten

Steg

Korpus

Kinnhalter

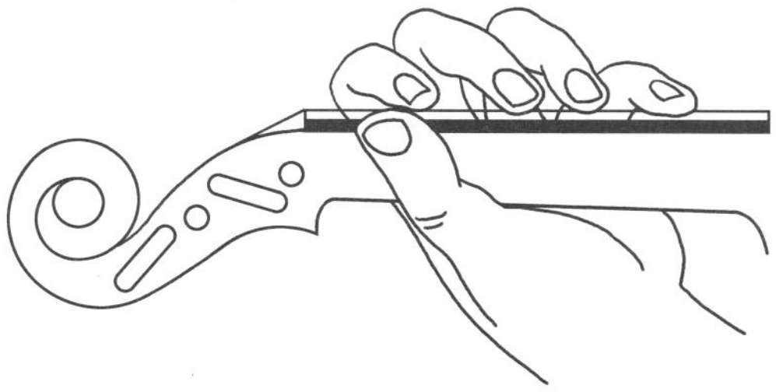

Schreibe an die richtige Stelle:

Steg, Griffbrett, Wirbel, Hals,
Schnecke, Saiten, Korpus,
Kinnhalter

Bogen, Geige, Bratsche,
Kontrabass, Cello

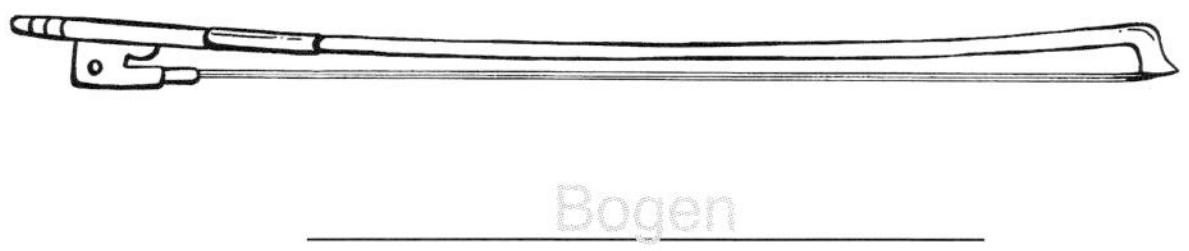

Bogen

Geige

Bratsche

Cello

Kontrabass

Das D R U M S E T

1. ___Hihat___
2. ___Crashbecken___
3. ___Ridebecken___
4. ___Snaredrum___

5. ___Hängetoms___
6. ___Standtom___
7. ___Bassdrum___
8. ___Bassdrum-Pedal___

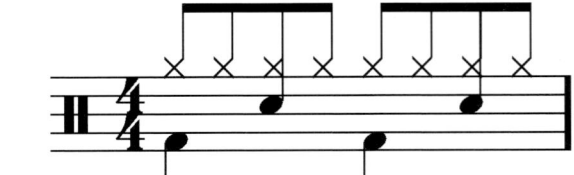

	1	und	2	und	3	und	4	und
rechte Hand	●	●	●	●	●	●	●	●
linke Hand			●				●	
rechter Fuß	●				●			

=

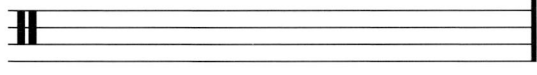

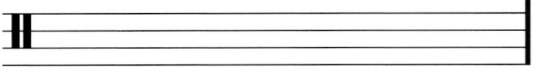

Christiane Heyde / Benedikt Heyde: Musik in der 5./6. Klasse
© Persen Verlag GmbH, Buxtehude

Saite – Länge – Dicke – je/desto – verkürzen – verlängern – Luftsäule – Schwingung – Spannung – weiter rechts – weiter links – höher – tiefer – dicker – dünner – weiter oben – weiter unten – Ton

Das [O][R][C][H][E][S][T][E][R]

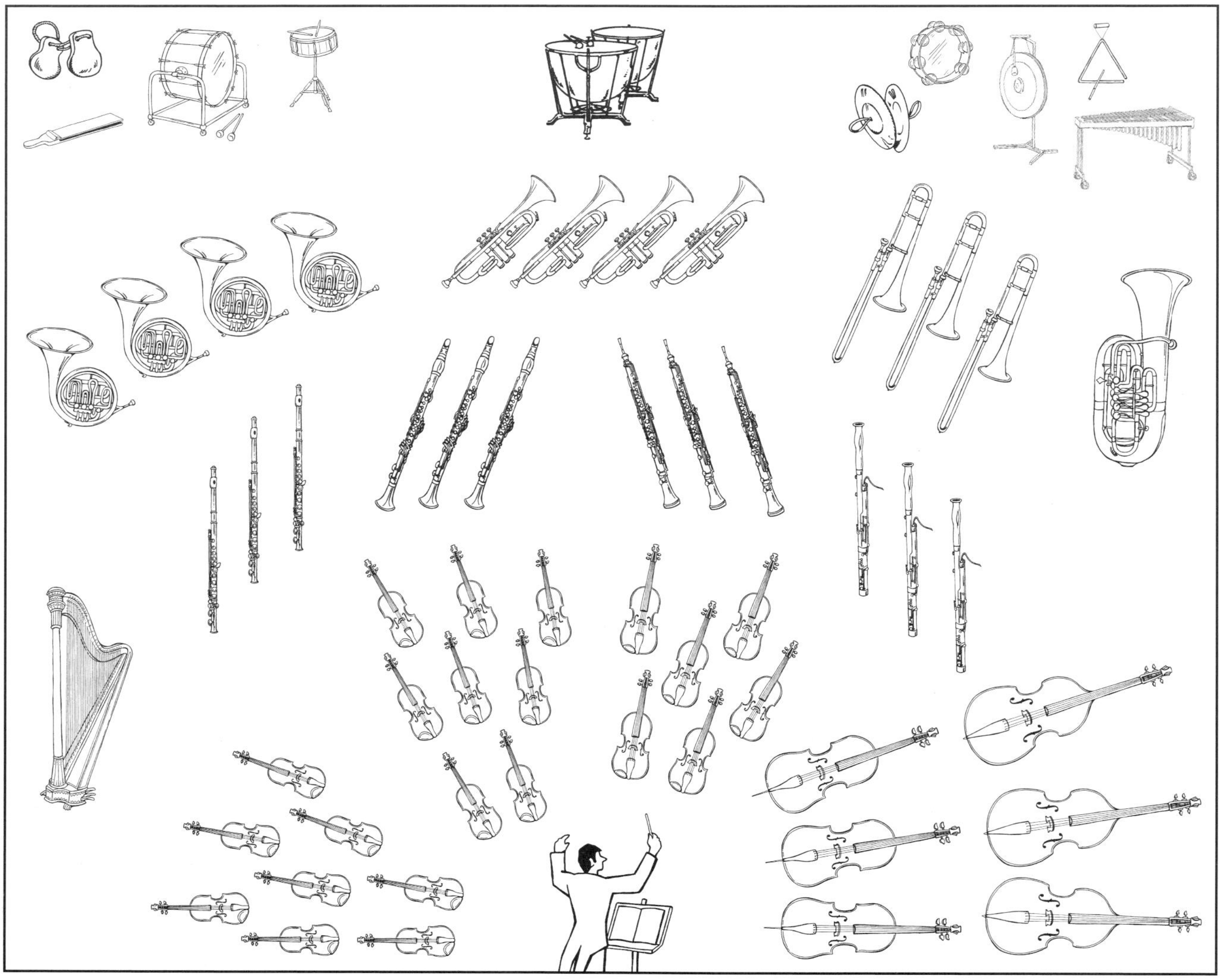

Kennzeichne alle Instrumentengruppen mit Farbe!

Streichinstrumente: Geigen (hoch), Bratschen (mittel), Celli (tief), Kontrabässe (sehr tief)

Holzblasinstrumente: Querflöten und Oboen (hoch), Klarinetten (mittel), Fagotte (tief)

Blechblasinstrumente: Trompeten (hoch), Hörner (mittel), Posaunen und Tuba (tief)

Schlagzeug: Pauken, Große Trommel, Kleine Trommel, Triangel, Schlagbecken, Gong, Xylofon, Tamburin, Kastagnetten, Peitsche

Sonstige: Harfe

Christiane Heyde / Benedikt Heyde: Musik in der 5./6. Klasse
© Persen Verlag GmbH, Buxtehude

Was die Stimme alles kann

Arten zu sprechen	Beschreibung

Arten zu singen	Beschreibung

Stimmlagen	Beschreibung

Klänge und Geräusche: Tiere erzeugen Laute

Tiere	erzeugen Laute	Tiere	erzeugen Laute
	trompeten		
Spatzen	tschilpen		jaulen
	klappern		schnattern
	klopfen		blöken
	gackern		sirren
	singen		quaken

62

Klänge und Geräusche: Dinge erzeugen Klänge

Dinge	erzeugen Klänge	Dinge	erzeugen Klänge
	ticken		
	rasseln		knarren
	brutzeln		quietschen
	klopfen		rumpeln
	pfeifen		grummeln
	wummern		scheppern

Laut und leise

In der Musik wird die Lautstärke mit italienischen Worten bezeichnet:

pp = pianissimo (sehr leise)
p = piano (leise)
mp = mezzopiano (mittelleise)
mf = mezzoforte (mittellaut)
f = forte (laut)
ff = fortissimo (sehr laut)

	Lautquelle	Art des Lauts	Lautstärke	musikalische Bezeichnung
1.				
2.				
3.				
4.				
5.				
6.				
7.				
8.				
9.				
10.				
11.				

pp ☐ ☐ ☐ ☐ ☐ ☐ ☐ ☐ ☐ ☐ ff →

Christiane Heyde / Benedikt Heyde: Musik in der 5./6. Klasse
© Persen Verlag GmbH, Buxtehude

Das Ohr

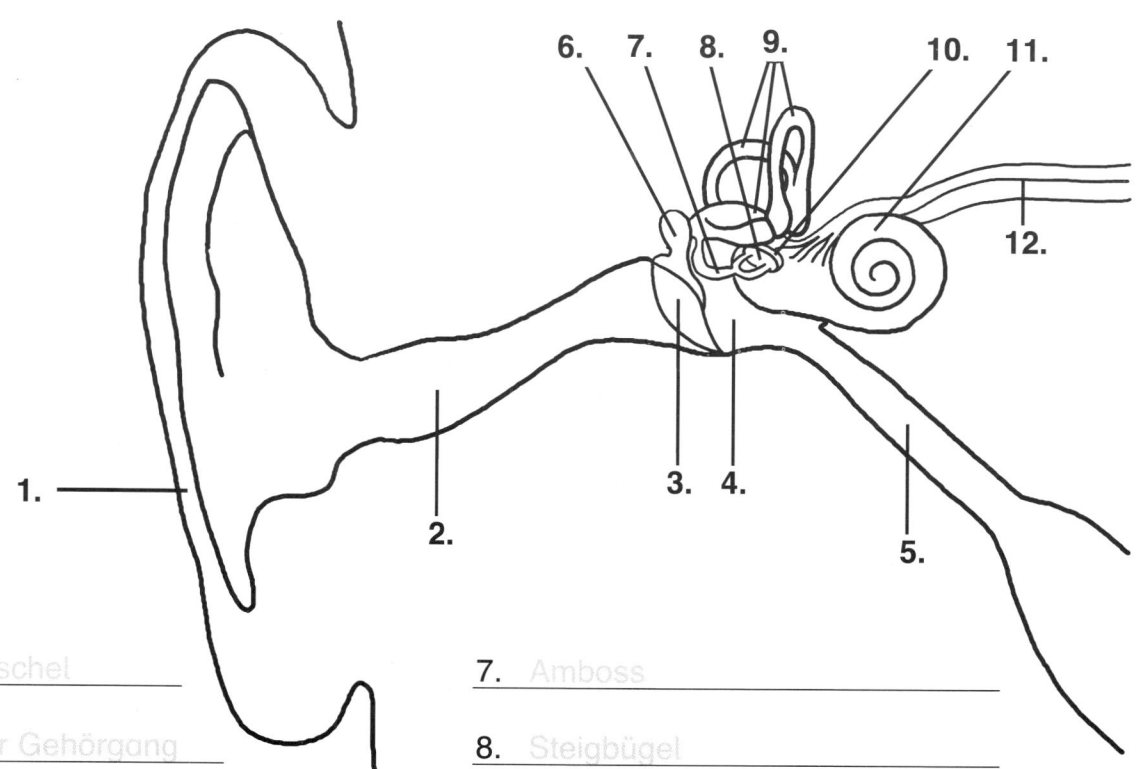

1. Ohrmuschel

2. äußerer Gehörgang

3. Trommelfell

4. Paukenhöhle

5. Ohrtrompete

6. Hammer

7. Amboss

8. Steigbügel

9. Bogengänge

10. ovales Fenster

11. Schnecke

12. Hör- und Gleichgewichtsnerv

Das Mikrofon

1. Membran

2. Magnetspule

3. Kabel

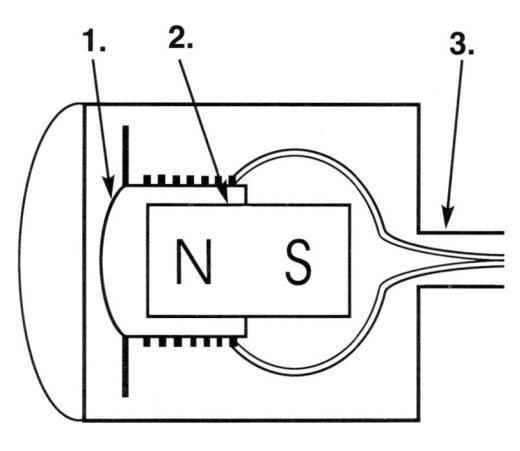

Meine Lieblingsmusik

Die Top Ten der Klasse

Platz	Titel/Gruppe
1.	
2.	
3.	
4.	
5.	

Platz	Titel/Gruppe
6.	
7.	
8.	
9.	
10.	

Christiane Heyde / Benedikt Heyde: Musik in der 5./6. Klasse
© Persen Verlag GmbH, Buxtehude

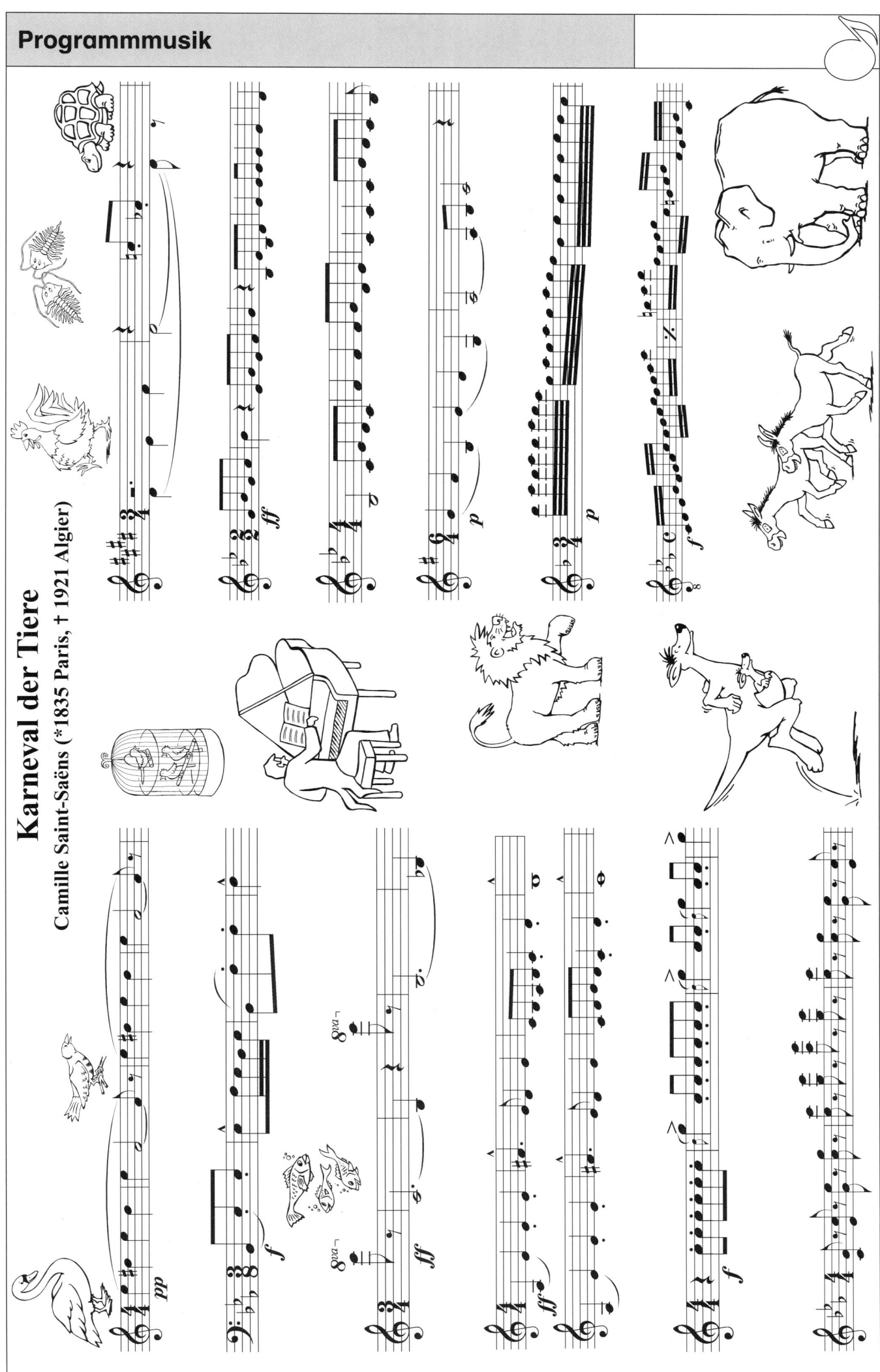

Karneval der Tiere

Camille Saint-Saëns (*1835 Paris, † 1921 Algier)

Akkorde auf dem Klavier und auf der Gitarre

Christiane Heyde / Benedikt Heyde: Musik in der 5./6. Klasse
© Persen Verlag GmbH, Buxtehude

Eine Melodie mit Akkordbegleitung erfinden

Titel

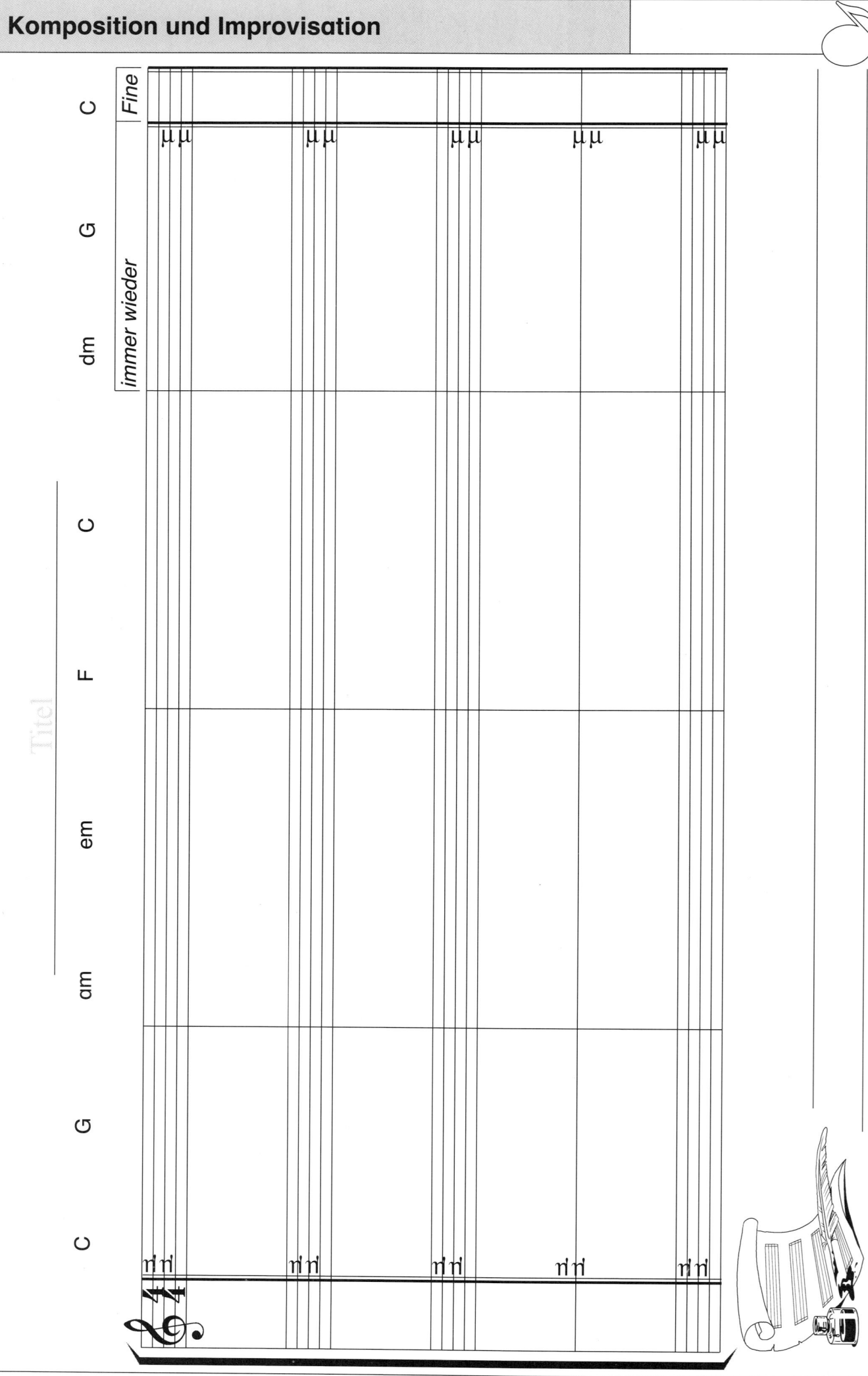

Christiane Heyde / Benedikt Heyde: Musik in der 5./6. Klasse
© Persen Verlag GmbH, Buxtehude

Mein Name: ....

Meine Schule: ....

Meine Klasse: ....

Schuljahr: ....

Inhaltsverzeichnis

Seite	Thema der Seite

Seite	Thema der Seite

1. Bewertung

a) Sind die Eintragungen vollständig?

b) Sind die Ausarbeitungen richtig?

c) Sind die Eintragungen leserlich, sorgfältig und übersichtlich?

d) Wie ist der Zustand der Mappe?

Insgesamt: _____

Datum: _____

2. Bewertung

a) Sind die Eintragungen vollständig?

b) Sind die Ausarbeitungen richtig?

c) Sind die Eintragungen leserlich, sorgfältig und übersichtlich?

d) Wie ist der Zustand der Mappe?

Insgesamt: _____

Datum: _____

Musikalische Weltreise

Schülerseite 6
Rhythmusbegleitung

Los, komm mit

DIDAKTISCHE HINWEISE

- In vielen Lehrplänen gehören die Themen *Orientierung auf der Erde* und *Kinder anderswo* zum Programm von Jahrgang 5. Es bietet sich an, diese Inhalte auch in den Musikunterricht zu integrieren, einerseits durch die Auswahl der Stücke und andererseits durch das direkte Thematisieren – siehe *Buenos días* oder *Wir sind Kinder einer Erde*. Das Lied *Los, komm mit* ist in diesem Zusammenhang entstanden. Darum ist es das Eröffnungsstück zu der musikalischen Weltreise, die in diesem Buch angelegt ist.

- Im Text sind Hinweise auf einige Lieder der kommenden Unterrichtszeit verborgen: „Mexiko" bezieht sich auf *Un poquito cantas* und „Afrika" auf *Bobo waro fero satodeh*, „Hey hallo" bezieht sich auf den gleichnamigen Kanon und „Italien" auf die *Tarantella*, „Australien" und „Wüstensand" schließlich sind Hinweise auf *Kookaburra*, *Wüstenkanon* und *Karawanensong*. Zu allen diesen Liedern befinden sich Ausarbeitungen in diesem Buch. Darüber hinaus sind Stücke angedeutet, die im Unterricht bewährt, aber nicht in diesem Buch enthalten sind: „Nirgendwo" bezieht sich auf das Gedicht *Das Königreich von Nirgendwo* von James Krüss. „Budapest" ist ein Hinweis auf *Fing mir eine Mücke heut* (vgl. *Liederwolke*, Seite 61) und mit „Fred vom andern Stern" ist der bekannte Popsong *Fred vom Jupiter* (vgl. z. B. *Amadeus 1*, Seite 30) gemeint.

- *Los, komm mit* könnte am Anfang einer Präsentation oder eines Vorspiels, z. B. am Elternabend, stehen. Es ist vornehmlich als Gesangsstück gedacht, die Melodie auf Instrumenten gelingt auf Grund der Tonart A-Dur nur fortgeschritteneren Schülern/-innen.

HINWEISE ZUM MUSIZIEREN

- Das zweistimmige Vor- und Zwischenspiel ist für Geige und Glockenspiel oder Xylofon vorgesehen.
- Refrain und Strophe sollten einstimmig bzw. zweistimmig auf Glockenspiel oder Xylofon sowie Flöten begleitet werden.
- Als einfache rhythmische Begleitung könnten auf Congas oder Tomtoms im Refrain Viertel und in der Strophe Achtel gespielt werden.

Reise nach Mexiko

Schülerseite 7
Spanischer Text
Musikalische Vorkenntnisse ermitteln

Un poquito cantas

DIDAKTISCHE HINWEISE

- Dieses Lied eignet sich sehr gut für den Einstieg in das Fach Musik an der neuen Schule. Es bietet alles, um mit der Klasse die Prinzipien des kommenden Unterrichts zu besprechen: Singen und Spielen stehen im Vordergrund, die eigene Ausgestaltung der Buchseiten durch Schreiben und Malen ist begleitender Schwerpunkt.

- Gleichzeitig lassen sich mit diesem Lied die musikalischen Vorkenntnisse der Gruppe ermitteln:
  - Wer schafft es, die Grundtöne mitzuspielen, wer kann sogar die Melodie auf einem Instrument spielen?
  - Wem gelingt es, beim Singen eine zweite Stimme zu halten oder zu erfinden?
  - Ist es schon möglich, mit der Gruppe ein abwechslungsreiches Arrangement zu erstellen?
- Auch für Tanzübungen (Grundschritte im Vierertakt) ist das Lied prima geeignet.

VORGEHEN

- Die Flagge ausmalen und den Liedtext von der Tafel abschreiben. In der 2., 3., und 4. Strophe sind nur jeweils zwei Worte neu, es genügt also, diese zu notieren. Die entsprechenden Worte sind in Strophe 1 hervorgehoben:
  1. Un poquito **cantas**, un poquito **bailas**, un poquito lelola, com' un canario. Lelola ...
  2. ... vino/aire ...
  3. ... vientos/sombras ...
  4. ... machos/chicas ...
- Das Lied (siehe unten) auswendig einüben.
- Die Grund- und Akkordtöne an die Tafel schreiben und ohne Noten die Begleitung einüben.

Christiane Heyde / Benedikt Heyde: Musik in der 5./6. Klasse
© Persen Verlag GmbH, Buxtehude

Kommentar zu: Lieder

- Auf dem Arbeitsblatt werden die benötigten Töne auf dem Xylofon farbig gekennzeichnet oder beschriftet.
- Der Kasten unten auf dem Blatt ist für ein selbst gemaltes Bild oder zum Einkleben der Noten gedacht.

LITERATURTIPPS

Liederbaum (Kunterbund 6) Nr. 71
Lied & Song Nr. 179

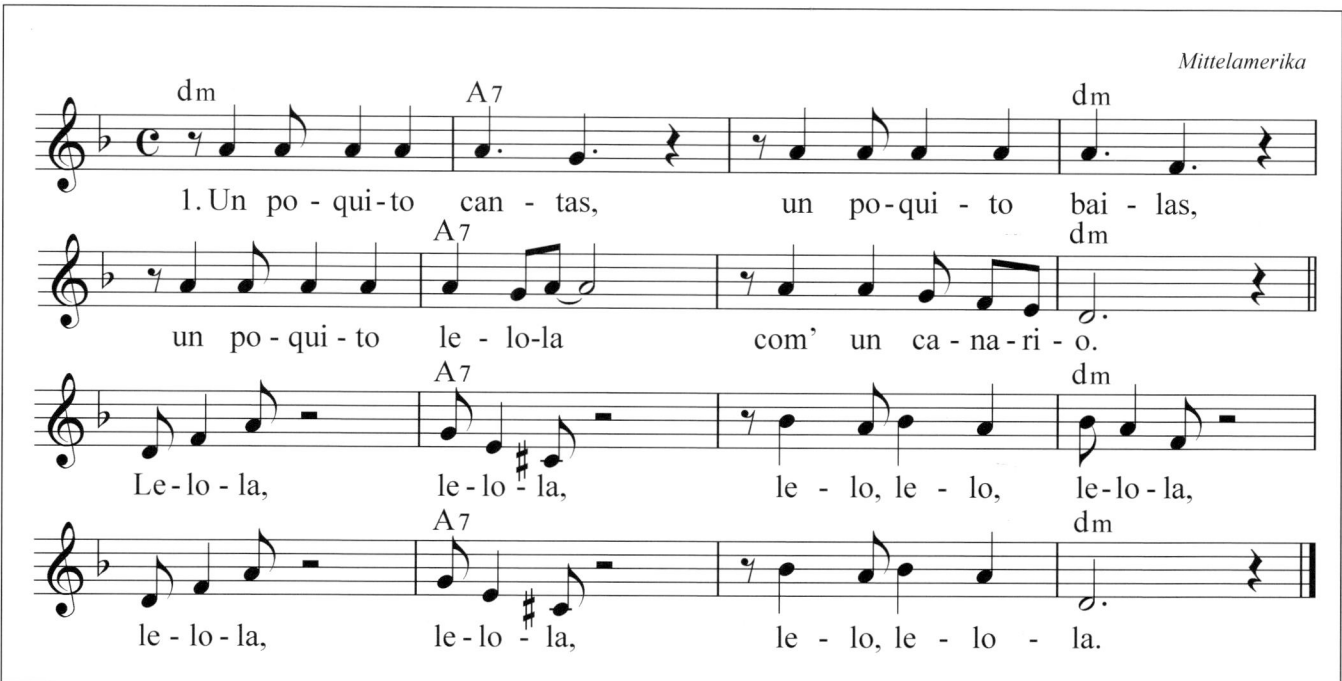

HINWEISE ZUM MUSIZIEREN

- Das folgende Muster eignet sich als Begleitung oder als zweite Stimme. Insbesondere die Tonfolge *d-cis* ist leicht zu singen und klingt gut. Als rhythmisch einfachere Variante können die Töne auch als halbe Noten gespielt werden.

Reise nach Russland

Schülerseite 8
Kasatschok-Rhythmen klatschen und notieren
Tempoveränderung

In dem dunklen Wald von Paganowo

DIDAKTISCHE HINWEISE

- Dieses russische Lied kursiert in mehreren Textvarianten.

VORGEHEN

- Rhythmen ausprobieren: Klatschen im Sitzkreis, Rhythmen an die Tafel schreiben, vom Hören zuordnen, schließlich notieren.
- Selbst einen Tanz ausprobieren, z. B. in der Haltung der Figur. Vielleicht gibt es Breakdancer in der Klasse, die Tanzfiguren vorführen können?

HINWEISE ZUM MUSIZIEREN

- Auf der C-Flöte im vierten Takt statt des *a* das *e¹* wiederholen.
- Die dritte und vierte Zeile der Strophen werden wiederholt.

Kommentar zu: Lieder

- Eventuell vor der letzten Strophe keinen Übergang spielen und sie sehr verlangsamt beginnen. Zum Schluss dann wieder beschleunigen.
- Auf der Gitarre ist das Lied einfacher in a-Moll zu begleiten. Dann ist es zum Singen allerdings sehr tief, es müsste also mit dem Kapodaster transponiert werden, je nach möglicher Singhöhe. Der Kapodaster ergibt im zweiten Bund h-Moll, im dritten Bund c-Moll und im fünften Bund d-Moll

(wie auf der Schülerseite notiert). In der Tonart a-Moll müssen folgende Akkorde gegriffen werden:
/ am / am / am / E7 / E7 / E7 / E7 / am /
//: C / A7 / dm / am / dm / am / E7 / am ://

- Unter der Melodie steht im zweiten System eine einfache Begleitung, beispielsweise für Bass, Altflöte oder Gitarre. Für höhere Instrumente kann diese Stimme einfach oktaviert werden.
- Kasatschok-Rhythmen zur Begleitung:

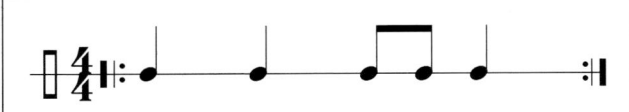

Angst vor Willi

Schülerseite 9
Szenische Darstellung
Tiergeräusche imitieren

Der Willi Wumm

DIDAKTISCHE HINWEISE

- Dieses Lied ist gut geeignet für szenisches Spielen.
- Imitation der Tiergeräusche (Eule, Hund), auch im Zusammenhang mit *Klänge und Geräusche*: *Tiere erzeugen Laute* (Seite 62).

HINWEISE ZUM MUSIZIEREN

- Die einfachste Begleitung besteht nur aus dem Ton *e*. Dieser Ton bleibt bis zum Refrain, dort heißt es dann: abwärts *e, d, c, h*.
- Auf der Schülerseite befindet sich ein Begleitarrangement. Die Unterstimme ist für Glockenspiel oder Altflöte gedacht, die Akkorde auf die Zählzeiten *2* und *4* für mehrere Xylofone mit verteilten Tönen.

Drama bei Herrn Sieber

Schülerseite 10
Bewegungsspiel
Einfache Begleitstimme
Text weiterdichten

Meine Biber haben Fieber

DIDAKTISCHE HINWEISE

- Dieses Bewegungsspiel sieht besonders gut aus, wenn die Klasse im Kreis oder in einer langen Reihe sitzt:

Textstelle	Bewegung
Meine	beide Hände klatschen auf die Schenkel
Biber	noch einmal, mit Händen über Kreuz
haben	beide Hände klatschen auf die Schenkel
Fieber,	beide Arme nach links
ach, die	beide Arme nach rechts
Ar-	Handflächen zusammengelegt nach links
men	Handflächen zusammengelegt nach rechts
-Pause-	klatschen

Dieser Ablauf wird bis zum Ende des Refrains viermal wiederholt.

- Der Text des Refrains fordert dazu auf, eigene Strophen zu erfinden. Auf den Leerzeilen ist Platz dafür.

Christiane Heyde / Benedikt Heyde: Musik in der 5./6. Klasse
© Persen Verlag GmbH, Buxtehude

Kommentar zu: Lieder

HINWEISE ZUM MUSIZIEREN

- Eine einfache Instrumentalstimme zu diesem Lied könnte sich auf die Grundtöne beschränken, die im Rhythmus *Halbe – Halbe – Viertel – Viertel – Halbe* gespielt werden.

- Die folgende Begleitung (z. B. auf dem Xylofon) weicht ab Takt 17 von diesem Muster ab:

Reise nach Puerto Rico

Schülerseite 11
Clave-Rhythmus erarbeiten
Thema Kinderarbeit
Szenische Darstellung

Buenos días

DIDAKTISCHE HINWEISE

- Es ist eine zwiespältige Sache: In diesem Lied wird eine Form von Kinderarbeit in der Dritten Welt angesprochen. Dies geschieht aber musikalisch auf eine sehr „schmissige" Weise: Anlass für Gespräche ...

- Das Lied eignet sich gut für eine szenische Umsetzung: Kinder aus dem Klassenchor lassen sich bei den Strophen wechselnd von dem gespielten „El Chico" die Schuhe putzen. Dieser sollte ein guter Sänger sein und solistisch den Refrain übernehmen.

HINWEISE ZUM MUSIZIEREN

- Die 3-3-2-Gliederung des Viervierteltaktes ist mit diesem Lied leicht zu erarbeiten. In der zweiten Stimme („El Chico ...") ist sie direkt nachvollziehbar: Beim Singen mitklatschen, dann ergibt sich der Rhythmus von selbst.

- Durch deutliche Betonung in den Strophen kann der 3-3-2-Rhythmus im Text hervorgehoben

werden:
In San Ju- / **an**, in der **Stadt** auf Pu-**er**-to / **Ri-co** sitzt **an** der / **Stra**-ße ge-**schäf**-tig der **klei**-ne / **Chi-co**, ...

- Die zweite Stimme („El Chico ...") lässt sich auch allein als Intro und Übergang zwischen den Strophen singen, sodass sich folgende Form ergeben könnte:
Intro – Strophe 1 (einstimmig) – Refrain (oberes System)
Intro – Strophe 2 (einstimmig) – Refrain (unteres System, zweistimmig)
Intro – Strophe 3 (zweistimmig) – Refrain (dreistimmig)
Intro – Schluss auf „Olé!" (Schlusston *d* ")

- In die Kästen über den Noten tragen die Schüler/-innen taktweise ihre Begleittöne ein (Grundton oder Akkordton). Gut klingt z. B. Folgendes: Zwei Schläge Grundton durch Spieler 1 („O-ma-ma, O-ma-ma") auf die Zählzeiten *1* und *2 und*, auf die Zählzeit *4* dann die anderen Akkordtöne durch Spieler 2 und 3.

- Als Begleitung Grundtöne auf den leeren Saiten A, D und g von Gitarre oder Bass spielen.

- Begleitrhythmen für Claves (Klanghölzer), Congas und Bongos:

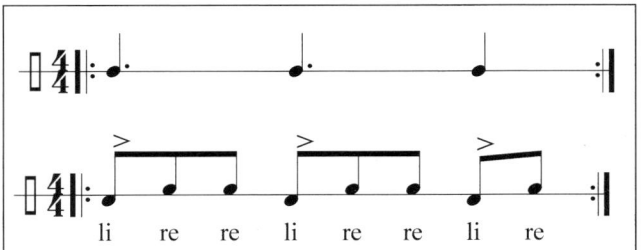

Brücke oder Disco?

Schülerseite 12
Moll-Tonleiter singen
Thema Tanz
3/4-Takt

Es führt über den Main

DIDAKTISCHE HINWEISE

- Eine Besonderheit dieser Melodie liegt darin, dass sie in den ersten vier Takten eine vollständige d-Moll-Tonleiter enthält. Dies lässt sich durch eine farbige Markierung deutlich machen und dann spielen und singen.
- Das Lied eignet sich, um über die Magie des Tanzens zu sprechen und selbst einen Tanz dazu zu erproben: Dort die Brücke – bei uns die Disco!?

HINWEISE ZUM MUSIZIEREN

- Dieses Lied lässt sich auch für Anfänger gut auf der C-Flöte spielen, dann kommt die 2. Stimme besser zur Geltung.
- Die Originalmelodie endet abwärts mit den beiden Tönen, die in unserer Version für die 2. Stimme notiert sind.
- Die Begleittöne lassen sich auf zwei oder drei Glockenspiele verteilen oder auch ganz einfach auf der D- und g-Saite der Gitarre mit Daumen und Zeigefinger zupfen (siehe Tabulatur).
- Begleitrhythmus a) eignet sich für Congas oder Bongos, Begleitrhythmus b) für Becken oder als rhythmische Alternative für die Begleittöne.

LITERATURTIPPS

Schul-Liederbuch, Seite 32
Musik um uns 5/6, Seiten 92 und 162
www.felicitaskukuck.de

Reise nach Schweden

Schülerseite 13
Schwedischer Text
Dreistimmigkeit

Vem kann segla

VORGEHEN

- Über den Inhalt sprechen: Was bedeutet Freundschaft?
- Die Grundtöne im Rhythmus der ersten beiden Töne der Melodie als Begleitung, Vor- und Zwischenspiel einüben.
- Diese Begleitung durch die Akkordtöne ergänzen, verteilt auf Gruppen an Xylofonen und Glockenspielen:

d-Moll: *d-f-a*
g-Moll: *g-b-d*
C-Dur: *c-e-g*
F-Dur: *f-a-c*
A-Dur7: *a-cis-e-g*

- Die jeweils gespielten Akkordtöne in die Klammer hinter dem Akkordsymbol eintragen.
- Das Lied dreistimmig spielen oder singen. Der Reiz dieses Satzes liegt darin, dass sich mit den drei Stimmen erweiterte Harmonien (gm6, Fmaj7 ...) ergeben.
- Zur Aussprache des schwedischen Textes:
  - das *v* wird wie das deutsche *w* ausgesprochen,
  - das *å* wie ein offenes *o*,
  - das *u* in *utan* wie ein kurzes *ü*,
  - das *sk* in *skiljas* wie ein *sch*,
  - das Wort *sin* wird mit scharfem *s* und mit kurzem *i* und

Christiane Heyde / Benedikt Heyde: Musik in der 5./6. Klasse
© Persen Verlag GmbH, Buxtehude

- das Wort *jag* wird wie *jo* mit offenem *o* gesprochen
- Übersetzung des Textes:
  1. Wer kann ohne Wind segeln?
     Wer kann ohne Ruder rudern?
     Wer kann von seinem Freund scheiden,
     ohne zu weinen?

2. Ich kann ohne Wind segeln!
   Ich kann ohne Ruder rudern!
   Doch von meinem Freund kann ich
   nicht scheiden, ohne zu weinen.

Telefonstreich

Schülerseite 14
Rhythmischer Sprechtext
Szenische Darstellung
Arrangement erstellen

Das verhexte Telefon

VORGEHEN

Es gibt viele Wege der Erarbeitung:
- lesen (zusammen, einzeln, verteilt ...) und auswendig lernen.
- betont rhythmisches Lesen, dazu mit dem Bleistift das Metrum auf den Tisch klopfen oder auf dem Drumset den Grundrhythmus als Begleitung spielen (siehe Seite 58).
- Eine eigene Vertonung, z.B. im Stil eines Rap-Arrangements erstellen (Klasse oder Kleingruppe).
- Das Gedicht szenisch darstellen und mit Geräuschen illustrieren.
- Die Kästchen neben den Strophen können zur Nummerierung dienen oder mit Markierungen für die Begleitung versehen werden (gleiche Buchstaben oder Farben gliedern die Form).
- Vielleicht gibt es in der Klasse auch jemanden, der mit einem Sequenzer- oder Arrangierprogramm umgehen kann und für das Gedicht ein Playback erstellt.

HINWEISE ZUM MUSIZIEREN

- Als Begleitung eignet sich der Rhythmus von *We will rock you*: Im Sitzen mit den Händen zweimal auf die Oberschenkel schlagen (Zählzeiten *1* und *2*), dann einmal klatschen. Auf Zählzeit *4* ist Pause.
- Drei unterschiedliche rhythmische Muster („Patterns") A, B und C erarbeiten, die je nach Charakter den Strophen zugeordnet oder als Übergang („Break") eingesetzt werden.
- Auf der Schülerseite befinden sich Bausteine für einen Begleitgroove. Die Patterns in System A, B, C und D werden durchlaufend gespielt.
- Die kleinen Melodien in System 1, 2 und 3 unten auf dieser Seite können von Flöte oder Xylofon als Zwischenspiel gespielt werden.
- Arrangementvorschlag:
  Intro: A, B, C, D (eventuell mit Melodie 2)
  Strophe 1 und 2
  Zwischenspiel mit Melodie 1
  Strophe 3 und 4
  Zwischenspiel mit Melodie 2
  Strophe 5 und 6
  Zwischenspiel mit Melodie 3
  Strophe 7 und 8
  Zwischenspiel mit freier Melodie
  Strophe 9 und 10
  Zwischenspiel mit Melodie 1
  Strophe 11 und 12
  Zwischenspiel mit Melodie 2 und 3
  Strophe 13
  Zwischenspiel mit Melodie 1 und 2
  Strophe 14 ohne Musik
  Abschluss auf Crashbecken

Reise nach England

Schülerseite 15
Mehrstimmig singen
Dreiklänge singen und spielen
Arrangement erstellen

What shall we do?

VORGEHEN

- Singen (das Tempo in der 2.–5. Strophe langsam angehen!)
- Die Begleitstimme einüben („What shall we do", siehe unten), dann zweistimmig singen.
- Die Dreiklangs-Begleitung (d-Moll und C-Dur, siehe rechts) singen und spielen.
- Die Harmonien im Notenbild farbig markieren (z. B. d-Moll blau, C-Dur rot) und die Akkorde über den Takten eintragen, um den harmonischen Verlauf zu visualisieren.
- Auf allen verfügbaren Instrumenten die Grundtöne in Vierteln spielen.
- Zusätzlich mit Achtelbewegungen zwischen den Akkordtönen begleiten (zweitaktiges Beispiel, siehe rechts).
- Abwechslungsreiche Arrangements verabreden: Wechsel zwischen Strophen und Begleitsatz, Wechsel zwischen Gesang und Instrumenten.
- Das eigene Arrangement auf dem Schülerblatt notieren.

HINWEISE ZUM MUSIZIEREN

- Begleitstimme, auch als Zwischenspiel geeignet:

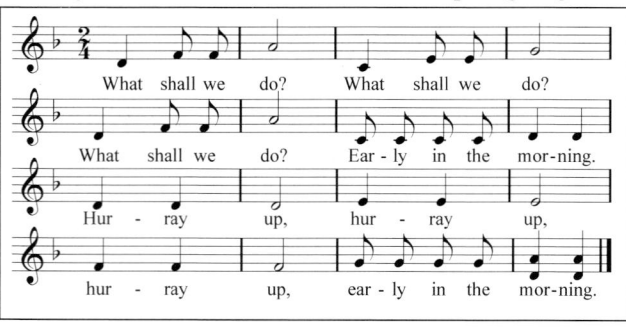

- Dreiklangsbegleitung, auch als Zwischenspiel geeignet:

- Begleitschema für z. B. Xylofon, am besten mit zwei Schlägeln zu spielen:

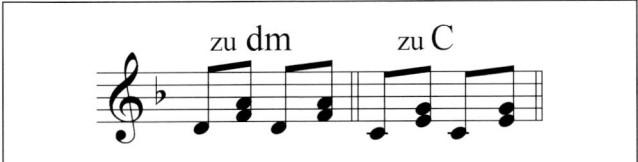

- Als einfaches Gitarrenmuster für Anfänger werden auf der D-Saite und der g-Saite im Wechsel mit Daumen und Zeigefinger zwei Töne gezupft. Der Zeigefinger der Greifhand wechselt entsprechend der Harmoniefolge.

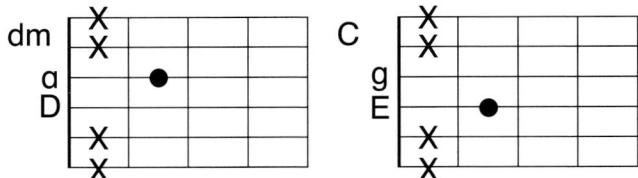

- Verschiedene Rhythmen als Begleitung ausprobieren. Wie wäre es mit einer Reggae-Variante?

LITERATURTIPPS

Musik um uns 1, Seite 17
Resonanzen Sek 1, Seite 153ff
Amadeus 1, Seite 36
Mini-Orchester/Spielstücke, Band 2, Seite 94ff

Reise nach Italien

Schülerseite 16
Thema Tanz
Rhythmische Begleitung
6/8-Takt

Tarantella

DIDAKTISCHE HINWEISE

- Über den Titel sprechen: Warum heißt der Tanz so? Der Tarantelbiss löst einen spastischen Krampf aus

Kommentar zu: Lieder

mit wilden veitstanzähnlichen Bewegungen. Der Spruch „Wie von der Tarantel gestochen" bedeutet: plötzlich und überaus heftig.

HINWEISE ZUM MUSIZIEREN

- Für das Spielen der Melodie auf der Flöte ist die d-Moll-Fassung auf der Schülerseite trotz der Dominante A7 gut geeignet, statt des *cis* im vorletzten Takt kann weiter das *e* gespielt werden.
- Auf der Gitarre ist das Lied in a-Moll einfacher zu begleiten. Dafür wird der Kapodaster im 5. Bund

angelegt. Ein gegriffener a-Moll-Akkord ergibt dann einen klingenden d-Moll-Akkord, es müssen also folgende Griffe gespielt werden:

am / dm – / am – / dm – /am

//: am / dm – / am – / E7 – /am ://

//: am / C G / C am / dm E7 / am ://

- Beispiel für eine rhythmische Begleitung mit Schellenring und Triangel:

Alles meine?

Schülerseite 17
Klassenband
Popsong

Alles nur geklaut

HINWEISE ZUM MUSIZIEREN

- Als Begleitung eignen sich die Grundtöne in Achteln auf dem Xylofon. Beim Übergang von D-Dur nach e-Moll in den letzten fünf Takten sollte für H7 als Durchgangston der Ton *dis* gespielt werden.
- Dazu passen die Grundtöne in Vierteln auf dem Bass und der Grundrhythmus auf dem Drumset (vgl. Seite 58):

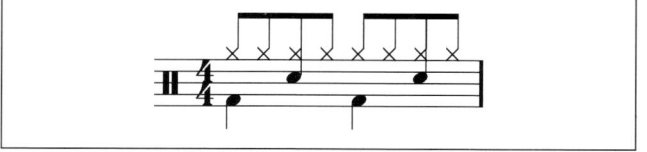

- In einer Version dieses Songs der „Prinzen" gibt es eine vierte Strophe:

  Auf deinen Heiligenschein
  fall ich auch nicht herein,
  denn du hast, Gott sei Dank,
  garantiert noch was im Schrank –
  und das ist alles nur geklaut.
  Das ist alles gar nicht deine,
  das ist alles nur geklaut,
  doch das weißt du nur alleine.
  Das ist alles nur geklaut und gestohlen,
  nur gezogen und geraubt.
  Wer hat dir das erlaubt? Wer hat dir das erlaubt?

LITERATURTIPPS

Die grünen Hefte Nr. 39
Liederstrauß Nr. 1
Songs, Seite 8

Ganz weit weg

Schülerseite 18
Vierteltriole

Über den Wolken

- Dieses Stück ist schnell eingeübt. Es eignet sich gut, um das rhythmische Phänomen der Vierteltriole zu besprechen.

- Als Begleitung eignen sich die Grundtöne, jeweils als ganze Note auf der Zählzeit *1* gespielt.
- In der Leerfläche können die Schüler/-innen ihre eigene Vorstellung von *Ganz weit weg* durch einen Text oder ein Bild deutlich machen.

Drei Kanons

Schülerseite 19
Form Kanon
Worte aus mehreren Sprachen

- In die Leerzeilen sollte ein Merksatz über die Form *Kanon* eingetragen werden.

Hey, hallo

- Dieser Kanon eignet sich gut für alle Begrüßungsrituale wie z. B. Einschulungsfeiern oder auch den Stundenbeginn.

Kookaburra

- Ein Kookaburra ist ein taubengroßer australischer Eisvogel, der wegen seines lauten Rufens auch der *Lachende Hans* genannt wird. Als Liedbegleitung eignen sich die Dreiklänge in Halben oder in Vierteln.

Sprechen mehr als hundertzehn

- Dieser Kanon lässt sich tatsächlich neunstimmig singen: Gut für unruhige Zeiten!

Reise nach Israel

Schülerseite 20
Begleitung durch Ostinato
Begriff Ostinato
Rhythmische Begleitung
Hebräischer Text

Karawanensong
Wüsten-Kanon

HINWEISE ZUM MUSIZIEREN

- Der *Karawanensong* kann durchgängig mit e-Moll begleitet werden. Um den monotonen Charakter des Ziehens durch die Wüste zu unterstreichen, sind sich ständig wiederholende Motive als Begleitung reizvoll.
- Einfacher als das Pattern auf der Schülerseite sind die folgenden vier Takte. Sie können auf Stabspielen, Gitarre, Bass oder Tasteninstrumenten als Ostinato gespielt werden:

- Eine rhythmische Begleitung:

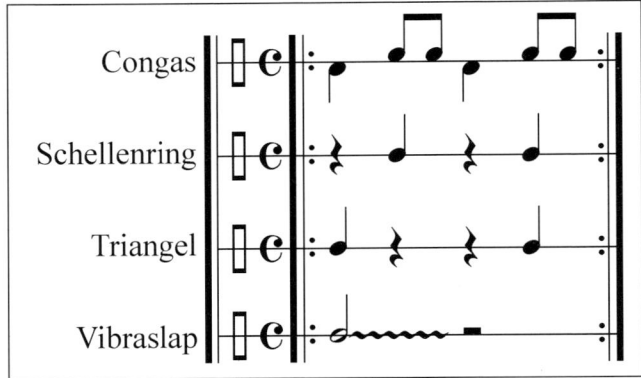

- Das Lied kann zweistimmig oder im Wechsel der beiden Systeme gesungen werden.
- Wie wäre es mit neu getexteten eigenen Strophen?

- Der *Wüsten-Kanon* kann durchgängig mit E-Dur begleitet werden. Deshalb eignen sich die terzlosen Begleitostinati des *Karawanensongs* ebenso wie die rhythmische Begleitung auch für dieses Lied.

Christiane Heyde / Benedikt Heyde: Musik in der 5./6. Klasse
© Persen Verlag GmbH, Buxtehude

Kommentar zu: Lieder

Reise nach Nigeria

Schülerseite 21
Klassenchor
Klassenorchester
Nigerianisches Englisch

Bobo waro fero Satodeh

HINTERGRUNDINFO

- Über die Entstehung dieses Liedes wird Folgendes berichtet: Einmal verhängte die britische Kolonialregierung in den westafrikanischen Ländern eine völlige Ausgangssperre. Nur einige Stunden am Samstag waren davon ausgenommen. Die Bevölkerung sang daraufhin dieses Lied als Protestsong immer wieder, so lange, bis die Sperre aufgehoben wurde. Der kanadische Sänger Perry Friedmann machte das Lied in den Sechzigerjahren auch in der Bundesrepublik bekannt. Es kursiert in vielen Fassungen von Melodie und Text. Die englische Version z. B. heißt *Everybody loves Saturday night*, die französische Version *Tout le monde aime samedi soir*.

DIDAKTISCHE HINWEISE

- Trotz der Synkopen ist dieser Song einfach zu singen, dabei sind die nigerianischen Silben sehr hilfreich, weil akzentuierend. Es empfiehlt sich, schon beim Kennenlernen die Zählzeit *1* durchgängig mitzuklatschen. Sobald dies klappt, kann man zusätzlich auf die Zählzeit *3* mit den Fingern schnipsen (erster Begleitrhythmus).
- Durch die langen Pausen in Takt 4, 8, 16 und die fallende Bewegung des Motivs in Takt 9 bis 12 besitzt die Melodie eine besondere Spannung.
- Der durchgängig taktweise Harmoniewechsel zwischen Tonika (hier: F-Dur) und Dominante (hier: C-Dur) macht das Mitspielen, aber auch das Experimentieren mit unterschiedlichen Stilen und Begleitungen leicht und erfolgreich – alle Instrumente und Spielfähigkeiten können zum Einsatz und zu „ihrem Recht" kommen.
- Das Lied kann gut weiter- oder umgetextet werden.

VORGEHEN

- Die Grundtöne auf die Zählzeit *1* spielen, dann auf die Zählzeiten *1* und *3*.
- Dieses Pattern durch die anderen Dreiklangstöne erweitern (erstes und drittes System der Begleitung).
- Auf die Zählzeiten *2* und *4* Akzente spielen, in Achteln und/oder Vierteln (zweites System der Begleitung).
- Eine Gitarre übernimmt die Bassbewegung aus dem vierten System der Begleitung.

HINWEISE ZUM MUSIZIEREN

- Jeweils im dritten und vierten Takt wird ein Fill In gespielt, wie hier notiert oder improvisiert. Auch ein Percussionsinstrument kann an dieser Stelle ein Fill In spielen.

- Mit unterschiedlichen Percussionsinstrumenten wird das Arrangement vervollständigt. Die auf der Schülerseite vorgeschlagenen Begleitrhythmen können natürlich auch von anderen als den angegebenen Instrumenten gespielt werden.
- Ein alternativer Rhythmus für zwei Congas: Die linke Hand klopft auf der einen Conga Halbe, die rechte Hand klopft auf der anderen Conga den Rhythmus der Melodie von Takt 9 bis 12.
- Bei einem eigenen Arrangement sollten Varianten ausprobiert werden: Einzelsänger/-innen, Gruppen, Einzelstimmen und Gruppen im Wechsel, einstimmige und mehrstimmige Teile, immer mehr Stimmen dazukommend ...
- Der Song eignet sich auch als vierstimmiger Kanon, der Einsatz erfolgt immer nach vier Takten.
- Das Lied kann mit oder ohne Tanzbewegungen musiziert werden.

Reise in die USA

Schülerseite 22
Englischer Text
Einstieg ins Gitarrenspiel
Tonfindung auf der Gitarre üben

Rock my soul

DIDAKTISCHE HINWEISE

- Dieser Song kursiert in vielen Textfassungen, Tonarten und Sätzen. Wir haben uns für eine klare Form in C-Dur entschieden, weil sich das Lied dann gut für den Einstieg in das Gitarrenspiel eignet.
- Das große Griffbild kann, sobald es fertig beschriftet ist, für weitere Übungen zur Tonsuche benutzt werden: „Wo kann ich den Ton fis spielen?" – „E2, d4 oder e2."

HINWEISE ZUM MUSIZIEREN

- Das Lied hat nur zwei Harmonien. Die beiden Akkorde lassen sich auf der Gitarre mit nur einem Finger greifen. Es werden nur die Saiten g, h und e angeschlagen. Zum Akkordwechsel muss der im ersten Bund greifende Zeigefinger dann nur von der h-Saite zur benachbarten e-Saite wechseln.
- In den Griffbildern sind diese Griffe mit schwarzen Punkten bezeichnet. Die Ringe bezeichnen die zusätzlich zu greifenden Stellen, wenn man den Griff vollständig spielen möchte. Jede/-r Schüler/-in sollte das entsprechende Griffbild bei sich eintragen.

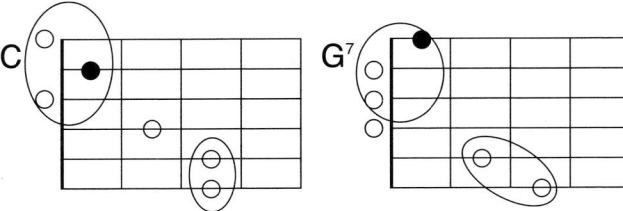

- Wenn ein Teil der Klasse im Viertelrhythmus die hohe Lage der „Einfinger-Gitarre" spielt und eine andere Gruppe auf der E- und A-Saite die tiefe Lage der „Zweifinger-Gitarre" (nur die Ringe), klingt das Gitarrenorchester schon fast vollständig.
- *Rock my soul* kann auch mehrstimmig als Kanon gesungen werden. Der Einsatz erfolgt immer nach acht Takten.

LITERATURTIPPS

Amadeus-Liederbuch, Seite 9 (Arrangement)
Einstimmen und Mitsingen, Seite 17 (Chorsatz)

Lieder mit zwei Akkorden

Schülerseite 23
Einstieg ins Gitarrenspiel
Akkordwechsel herausfinden
Englischer Text

Atte katte nuwa
He's got the whole world

DIDAKTISCHE HINWEISE

- Die Lieder auf dieser Seite können mit nur zwei Akkorden begleitet werden (Tonika und Dominante). Deshalb sind sie besonders geeignet als Einstiegsübungen für die Gitarre.
- Beide Lieder sollten auswendig eingeübt werden, damit sich die Schüler/-innen auf ihr Gehör und auf die Harmoniewechsel konzentrieren können.
- Die Schüler/-innen sollten die Akkordwechsel durch Ausprobieren herausfinden und die Akkordbezeichnung anschließend über der entsprechenden Textstelle eintragen.
- Fortgeschrittene Schüler/-innen können zusätzlich durch Schrägstriche eine Takteinteilung vornehmen.

HINWEISE ZUM MUSIZIEREN

- Ganz einfach sind die Griffe C und G7 mit der „Einfinger-Gitarre" in hoher Lage: Der Zeigefinger wechselt im ersten Bund von der h- zur e-Saite, während mit dem Daumen der rechten Hand darauf Halbe angeschlagen werden (vgl. *Rock my soul*, Seite 22).
- Auch das Lied *Wir lagen vor Madagaskar* kann mit diesen beiden Griffen begleitet werden.

Christiane Heyde / Benedikt Heyde: Musik in der 5./6. Klasse
© Persen Verlag GmbH, Buxtehude

Kommentar zu: Lieder

Atte katte nuwa

- Dies könnte das Lied einer Eskimo-Familie sein, die auf Walfang geht: Stühle als Sitze im Kajak hintereinander stellen, Temposteigerung erfolgt, wenn der Wal in Sicht kommt – wie geht die Geschichte weiter?

He's got the whole world

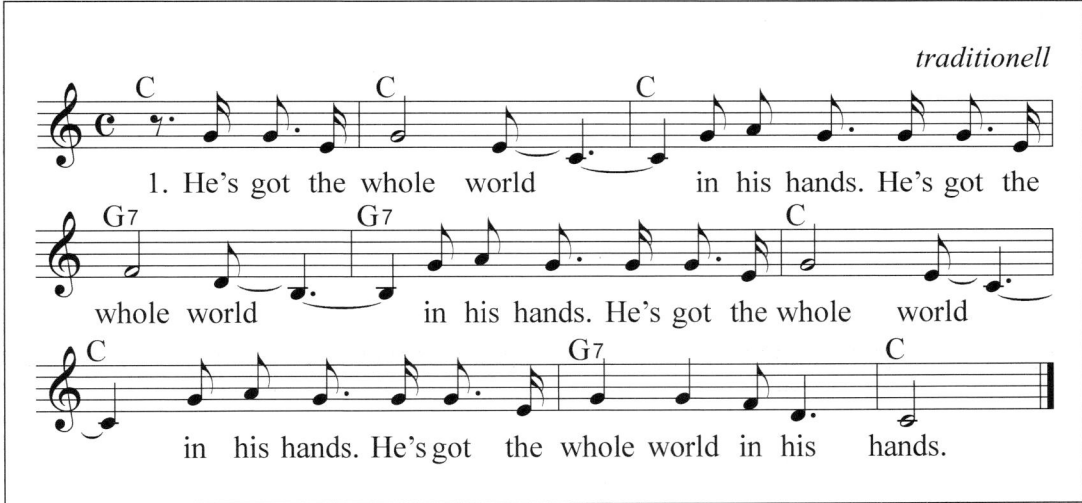

Zwei Herbstlieder

Schülerseite 24
Englischer Text
Kanon

- Beide Lieder auf dieser Seite sind nicht nur zum Singen, sondern auch als Instrumentalstück gut geeignet.

Herbst ist da

- Die Melodie auch spielen, am besten auf der C-Flöte oder Geige.

- Die Begleitung im zweiten System ist für Xylofon oder Geige gedacht.
- Klavier und/oder Glockenspiel übernehmen die Töne im dritten System.

Hey ho

- Dieser Kanon ist eher unter dem deutschen Titel *He-jo, spann den Wagen an* bekannt.

Wir feiern Halloween

Schülerseite 25
Thema Halloween
Swing-Phrasierung
Englischer Text

Halloween

HINTERGRUNDINFO

* Halloween ist traditionell ein christliches Fest. *Allhallows Eve* heißt es vollständig, *Vorabend zu Allerheiligen*, dem Gedenktag der verstorbenen Heiligen. Die Idee, Allerheiligen am 1. November zu feiern, stammt aus Irland. Die Kelten feierten um diese Zeit das Erntefest *Samhain*, zu Deutsch *Sommerende*. Vermutlich begingen sie es so, wie man immer und überall zum Ende der Erntezeit gefeiert hat, nämlich fröhlich und ausgelassen. In seiner heutigen Form wurde das Halloween-Fest von irischen Einwanderern in die USA begründet. Sie erzählten an diesem Tag die eher unheilige Legende von dem Trunkenbold Jack O'Lantern, der durch eine List der Hölle entging, wegen seiner Trunksucht aber auch nicht in den Himmel kam. Jack O'Lantern muss demnach bis zum Jüngsten Gericht im Dunkel zwischen Himmel und Hölle wandern. Eine ausgehöhlte Rübe dient ihm als Laterne.

DIDAKTISCHE HINWEISE

* Aus der Tabelle auf der Schülerseite können auch notenunkundige Schüler sofort eine Begleitung mitspielen. Sie müssen nur wissen, wo die Töne auf ihrem Instrument liegen. Die Bassstimme in der untersten Zeile ist tonal identisch mit der Grundtonstimme in der ersten Zeile.
* Die Notation als Tabelle anstatt als Noten wurde hier beispielhaft gewählt und lässt sich auf jedes Musikstück übertragen.

HINWEISE ZUM MUSIZIEREN

* Das Lied kann auch im Swing-Stil gesungen werden, indem man die Achtel triolisch interpretiert.

Halloween in Irland

Schülerseite 26
Englischer Text

Black and Gold

* Auf der Schülerseite befindet sich unter dem Lied eine einfache Begleitung für Stabspiele und Bass.

Die kleinen Noten im 4. und 8. Takt sind Alternativen für Übergänge und müssen nicht unbedingt gespielt werden.
* So werden die Töne auf dem Bass gegriffen:

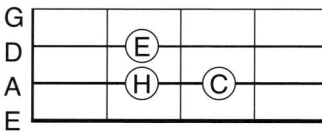

Tanzen in Mexiko

Schülerseite 27
Spanischer Text
Zweitaktiges Motiv
Klassenorchester

La Bamba

DIDAKTISCHE HINWEISE

* *La Bamba* ist ein in Mexiko verbreiteter Tanz. Bekannt wurde das Lied durch Ritchie Valens im gleichnamigen Film. Eine weitere bekannte Version stammt von Trini Lopez (1963).
* Wegen des durchgängig zweitaktigen Motivs ist dieser Tanz aus Mexiko im Klassenorchester leicht zu realisieren. Zumindest das erste und zweite System lässt sich im Klassenorchester schnell einüben.

VORGEHEN

* Das Lied singen, wenn möglich vorher anhören.
* Die Grundtöne der drei Harmonien üben.
* Neben den Akkordbezeichnungen mögliche Vari-

Christiane Heyde / Benedikt Heyde: Musik in der 5./6. Klasse
© Persen Verlag GmbH, Buxtehude

anten für Begleittöne notieren, z.B. Akkordtöne statt Grundtönen.

- Die Begleitstimmen einüben und ein Arrangement erstellen.

HINWEISE ZUM MUSIZIEREN

- Das erste System der auf dem Arbeitsblatt notierten Begleitung eignet sich als Grundübung. Die Melodie ist auf dem Bass gut spielbar, aber auch für Bläser (z.B. Trompete) geeignet.
- Die Melodie im zweiten System kann zweistimmig auf Xylofonen gespielt werden.
- Die Stimme im dritten System ist für Fortgeschrittene auf Tasteninstrumenten oder Gitarre vorgesehen.
- Auch die Melodie im vierten System klingt auf der Gitarre gut.

- Begleitrhythmen am besten selbst ausprobieren und festlegen. Hier ein Vorschlag:

LITERATURTIPPS

Amadeus – Liederbuch, Seite 196f: Arrangement, Chorsatz im Refrain

Lieder wollen etwas verändern

Schülerseite 28

Wir sind Kinder einer Erde

- Alle Strophen werden über den ersten Teil des Liedes gesungen (D-Dur). Der zweite Teil des Liedes (F-Dur, ab „Viele Kinder fremder Länder") wird nur einmal als Schluss gesungen.

- Als weiteres Stück zu diesem Thema empfehlen wir den Kanon *Nach dieser Erde* (*Schul-Liederbuch*).

Weihnachtslieder

Schülerseiten 29, 30 und 31

Des Morgens früh
Ein heller Stern hat in der Nacht
Marias Schlaflied
O mein liebes kleines Sternchen

DIDAKTISCHE HINWEISE

- Der zeitliche Rahmen, innerhalb dessen Weihnachtslieder im Unterricht gesungen oder gespielt werden, ist kurz. Zusätzlich wird es stark von der Tradition der Schule und der Bereitschaft der Lerngruppe abhängen, in welchem Umfang das

Musizieren von Weihnachtsliedern stattfindet. Unsere Auswahl berücksichtigt Lieder, die einerseits weniger bekannt und andererseits leicht zu spielen sind. Durch die verwendeten Tonarten (d-Moll, e-Moll und C-Dur) knüpfen sie tonal und harmonisch an vorher vermittelte Erfahrungen an.

- Die Gitarrengriffe zu *Des Morgens früh* können auch reduziert auf die drei oberen Saiten als „Zweifinger-Gitarre" gespielt werden.

Kommentar zu: Spielstücke

Karibische Rhythmen

Schülerseite 32
Einstieg für Klassenorchester
Schlaginstrumente kennenlernen
Musikalische Analyse
Merksprüche für Rhythmen

Alegría

DIDAKTISCHE HINWEISE

- Dieses Instrumentalstück ist wunderbar geeignet, um – vielleicht zum ersten Mal – ein richtiges Klassenorchester zu bilden.
- Zunächst dient es dazu, verschiedene Percussioninstrumente kennenzulernen und in einem Rhythmusarrangement zu spielen.
- Die Gitarrengriffe sind reduziert auf die oberen Saiten e, h und g. So sind sie auch für Anfänger zu greifen. Achtung: Der Begriff *obere Saiten* ist für Schüler manchmal verwirrend, weil die klingend hohen, also „oberen" Saiten beim Spielen unten liegen.
- Da die einzelnen Stimmen leicht auswendig zu lernen sind, kann man früh die Hauptaufmerksamkeit auf das Zusammenspiel richten. „Ich kann meine Stimme!" – Jetzt kommt es darauf an, mich neben einem anderen Instrument zu hören, neben mehreren anderen Rhythmen durchzuhalten.
- Der klare Aufbau (A/B/B', jeweils vier Takte) eignet sich für eine formale Analyse.
- Die enge Verbindung zwischen Praxis (Spielen, Rhythmen sprechen) und Theorie (Notation) för-

dert die Bereitschaft, die Musiktheorie als etwas Sinnvolles anzunehmen. Die Notation der Rhythmen in der rechten Spalte ergibt sich zum Schluss fast von allein.

VORGEHEN

- Die Rhythmen über den Merkspruch in der Tabelle auswendig lernen.
- Alle Merksprüche einüben und in der Tabelle notieren.
- Einzelne Schüler/-innen oder kleine Gruppen übernehmen ein Instrument und setzen nacheinander ein, z. B in der Reihenfolge der Tabelle.
- Sobald das Rhythmusarrangement klappt, kommen die Xylofone und der Bass mit den Grundtönen dazu, entweder in Vierteln oder im Rhythmus der Basstrommel. In den Griffbildern der Instrumente werden die benötigten Töne mit Farbstiften markiert.
- Zum Schluss kommt die Melodie hinzu, von der C-Flöte oder einem anderen Instrument gespielt.
- Wenn möglich sollte ein Orchestermitglied auch die Akkorde spielen.
- Der Einstieg kann alternativ auch über die Grundtöne erfolgen. Diese werden groß an die Tafel geschrieben und ihre Lage zueinander auf den Instrumenten (Stabspiele/Tasten) besprochen. Dann erfolgt sofort, ohne Notentext, das gemeinsame Spiel: zur Übung erst einmal halbe Noten, also zwei Schläge pro Akkord, danach im Rhythmus der Trommel.

Musik nach Schema

Schülerseite 33
Klassenband
Blues-Schema
Powerchords

Fledermaus-Blues

HINWEISE ZUM MUSIZIEREN

- *Fledermaus-Blues* folgt dem Blues-Schema, ist also zwölftaktig. „Schema" deshalb, weil vergleichbare Stücke immer dieselbe Harmoniefolge haben.
- Aufbau des Blues-Schemas: 4 Takte Tonika, 2 Takte Subdominante, 2 Takte Tonika, 1 Takt Domi-

nante, 1 Takt Subdominante, 2 Takte Tonika. Auf dem Schülerblatt sollte ein Merksatz darüber eingetragen werden.

Blues in G:				Oder, in Stufen-Schreibweise:			
G	G	G	G	I	I	I	I
C	C	G	G	IV	IV	I	I
D^7	C	G	G	V^7	IV	I	I

- Die Melodie im ersten System ist auf Tasteninstrumenten oder Stabspielen einfach zu spielen, weil ihre Töne sehr eng beieinander liegen. Die vorkommenden Halbtöne lassen sich innerhalb der Abwärtsbewegung gut greifen, es entsteht eine „Dreiecksbewegung" abwärts und wieder aufwärts. Erinnern: Das Vorzeichen gilt für den ganzen Takt!

Christiane Heyde / Benedikt Heyde: Musik in der 5./6. Klasse
© Persen Verlag GmbH, Buxtehude

Kommentar zu: Spielstücke

- Das zweite System eignet sich für den Bass und für Bass-Klangstäbe.
- Die Akkorde im dritten System sollten von Tasteninstrumenten gespielt werden.
- Eine gute Ergänzung wäre der Grundrhythmus auf dem Drumset (vgl. Seite 58), geswingt gespielt.
- Powerchords sind auf Grundton und Quinte reduzierte Akkorde. Auf dem Schülerblatt sind die Griffe dafür angegeben. Es ist auch möglich, sie durch Verschieben des reduzierten G-Griffs nur auf der E- und A-Saite zu spielen, dann allerdings mit Lagenwechsel. In diesem Fall muss der angegebene G-Griff im 3., 8. und 10. Bund gegriffen werden. Die entsprechenden Bünde können mit bunten

Klebepunkten markiert werden, damit die Stufen-Beziehung augenfällig wird.
- In denselben Bünden werden auch die Grundtöne auf dem Bass gegriffen.
- Hier die „Zutaten" für einen eigenen Klassenblues:
  Erstes System: Akkorde in enger Lage
  Zweites System: Akkorde in Achtelbewegung (ternär, geswingt, zu spielen)
  Drittes System: Powerchords mit Bewegung
  Viertes System: Dreiklangs-Melodie, auch diese Linie sollte als Swing gespielt werden
  Fünftes System: Dreiklangs-Bewegung aufwärts

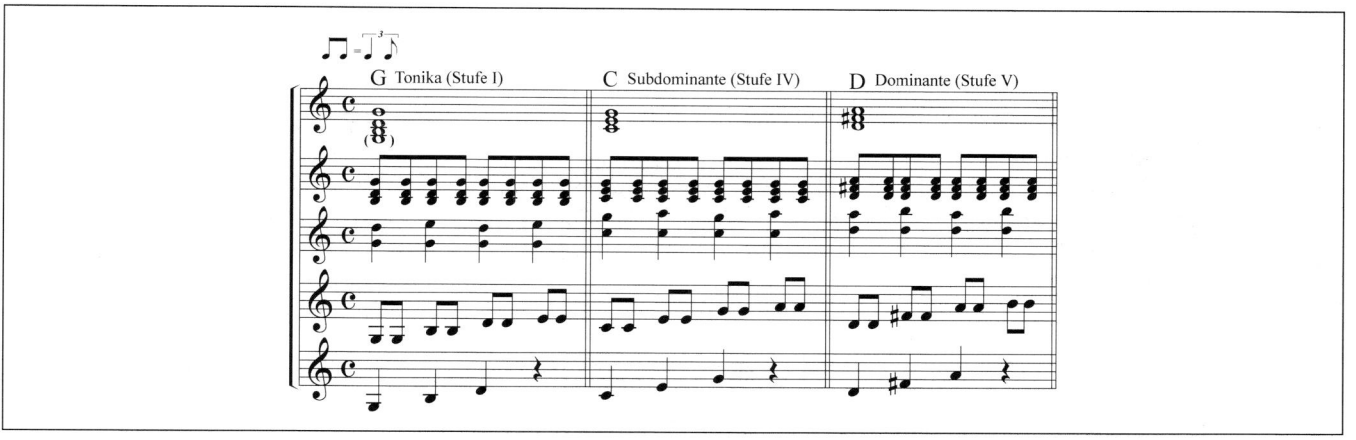

Wie viele Töne braucht ein Stück?

Schülerseite 34
Klassenorchester
Musikalische Analyse
Begriff Partitur

Der Nurzweitönesong

HINWEISE ZUM MUSIZIEREN

- Die Hauptstimme im ersten System ist recht anspruchsvoll und geeignet für Flöte, Geige oder Keyboard.
- Die zweite Stimme kann mit nur zwei Tönen, z. B. auf der Flöte, gespielt werden und ist in den ersten zehn Takten auch rhythmisch unproblematisch.
- Die dritte Stimme (Bass) ist fast auf die Grundtöne reduziert, kann also auch von Anfängern erlernt

werden. Auf Gitarre oder Bass werden die leeren A- und E-Saiten gespielt, zunächst nur in halben Noten, später im notierten Rhythmus.
- Die Percussion-Begleitung ist einfach und kann mehrfach besetzt werden.
- Die Begleitung auf der Gitarre kann auch nur mit zwei Fingern gespielt werden, wie mit den Kreisen in den Griffbildern gezeigt. In diesem Fall unterscheiden sich die Griffe für a-Moll und Fmaj7 nicht. Achtung: Bei dieser „Zweifinger-Gitarre" nur die oberen drei Saiten anschlagen! Die Pfeile im Notenbeispiel auf dieser Seite links unten geben die Schlagrichtung an.

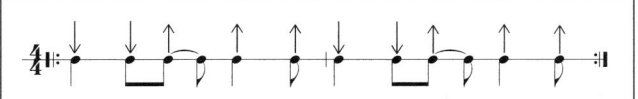

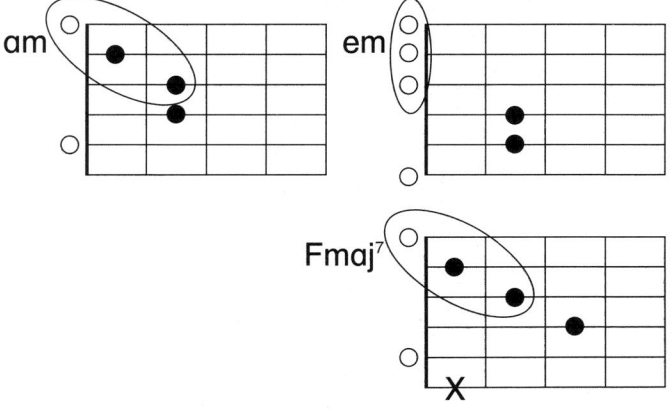

Kommentar zu: Spielstücke

MUSIKALISCHE ANALYSE

- Formales Erfassen einer Partitur:
  - Wiederholungen und Übergänge: die erste und zweite Wiederholung eintragen, beim zweiten Mal Takt 16 den Schluss eintragen.
  - Formaler Aufbau insgesamt: Taktzahlen werden so notiert, dass bei der Wiederholung jeweils die gleichen Ziffern wie beim ersten Durchgang verwendet werden.

- Vertikale Orientierung im mehrstimmigen Notensystem: Markierung der drei fortlaufenden Stimmen durch drei fortlaufende Farben.
- Mit diesem Detail aus Takt 13 und Takt 15 der Mittelstimme kann die Notation einer Synkope in der Taktmitte besprochen werden:

Reise nach Brasilien

Schülerseite 35
Klassenorchester
Musikalische Analyse

Samba lélê

DIDAKTISCHE HINWEISE

- Binnendifferenzierung: Sind selbstständige Schüler/-innen in der Klasse, die z. B. Flöte spielen? Diese Kinder könnten die erste und zweite Stimme auch schon allein eingeübt haben, solange die Ungeübteren die leichten Stimmen erarbeiten.
- Für ein eigenes Arrangement sind die Teile und Stimmen beliebig kombinierbar.

VORGEHEN

- Einstieg über die Akkorde: Drei Gruppen spielen je einen Akkordton als Liegeton bzw. auf der Zählzeit *1* angeschlagenen Einzelton. Dazu spielt der/die Unterrichtende oder ein/-e fortgeschrittene/-r Schüler/-in die Melodie.
- Gemeinsam die Begleitung einüben, beginnend mit den beiden leichten Stimmen im vierten

System: zunächst diejenige mit zwei Tönen (*f* und *e*, Hälse nach oben), dann den Wechselbass in halben Noten (*f-c* und *e-c*, Hälse nach unten).
- Für die weiteren Stimmen zur Vorbereitung die Rhythmen klatschen. Danach die Begleitstimmen im zweiten und dritten System auf Tönen einüben. Die Synkopen im zweiten System brauchen etwas Übung.
- Zum Schluss die Melodie (Notenhälse nach oben) und die zweite Stimme (Notenhälse nach unten) einüben.
- Die eigenen Akkord- und/oder Melodietöne farbig in die Tastatur eintragen.
- Im Notensystem die eigene Stimme farbig markieren.
- Sobald alle Stimmen gut klappen, können Rhythmusinstrumente das Arrangement ergänzen (z. B. mit den Rhythmen von *Alegría*, Seite 32).
- Zur Melodie einen Text schreiben – das wäre einen Versuch wert.

MUSIKALISCHE ANALYSE

- Das Stück besteht aus zwei Teilen mit jeweils vier Takten, deren harmonische Struktur gleich ist. Innerhalb von A und innerhalb von B wiederholt sich der Rhythmus der Melodie nach zwei Takten.

Feentanz

Schülerseite 36
Klassenorchester
5/4-Takt

Dance of the little fairies

DIDAKTISCHE HINWEISE

- Der 5/4-Takt dieses Pop-Stücks vom Ende der 70er-Jahre bietet eine schöne Abwechslung für das praktische Musizieren.
- Die einzelnen Stimmen sind für Anfänger auf Xylofon oder Tasteninstrumenten leicht zu erlernen, ebenso die Akkorde in enger Lage.

Kommentar zu: Spielstücke

- Eine rhythmische Unterstützung kann durch Bongos, Congas oder Tomtoms erfolgen. Dabei den Takt in eine Dreiergruppe (drei hohe Töne) und eine Zweiergruppe (zwei tiefe Töne) gliedern.

VORGEHEN

- Die Gliederung des 5/4-Takts wahrnehmen und durch Schlagen auf dem Tisch üben: links drei Schläge, rechts zwei.
- Diese Bewegung auf die Instrumente übertragen und die entsprechenden Grundtöne von der Tafel spielen.

- Das Arbeitsblatt austeilen und die Partitur besprechen (5/4-Takt, A-Teil, B-Teil, Wiederholungen und Überleitungen, Stimmen)
- Die Stimmen je nach Leistungsstand einüben, alle Instrumente sind denkbar. Unverzichtbar sind die Melodiestimme (erstes System) und die Bassstimme mit Grundtönen (viertes System).
- Ein Arrangement festlegen und das Stück, eventuell mit wechselnder Besetzung, mehrfach durchspielen. Achtung: Der Schluss befindet sich am Ende des A-Teils.

Steigerung durch Klangdichte

Schülerseite 37
Klassenorchester
Englischer Text

Sacco und Vanzetti

HINTERGRUNDINFORMATIONEN

- 1970 wurde die Geschichte der beiden italo-amerikanischen Gewerkschafter Nicola Sacco und Barth Vanzetti verfilmt. Die beiden waren 1927 wegen eines angeblich von ihnen begangenen Mordes zum Tode verurteilt und hingerichtet worden. Weltweite Proteste begleiteten die Falschverurteilung.
- Die Musik zum Film *Sacco und Vanzetti* stammt von Ennio Morricone und Joan Baez.

DIDAKTISCHE HINWEISE

- Die musikalische Besonderheit dieses Stückes ist der sukzessive Aufbau und die sich dadurch ergebende Steigerung der Klangdichte. Im Film *Sacco und Vanzetti* untermalt diese Musik das Zusammenkommen einer großen Menschenmenge zu einer Kundgebung für die beiden Hingerichteten. Mit jedem Durchlauf kommen mehr Instrumente bzw. mehr Stimmen hinzu, bis schließlich ein mächtiger, orchestraler Klang ertönt.

VORGEHEN

- Mit der Klasse über das Stück sprechen, eventuell Auszüge aus dem Buch von Frederik Hetman lesen oder den Film ansehen.

- Eventuell den Text singen. So, wie sie notiert ist, ist die Melodiestimme als Singstimme sehr hoch. Das Stück ist als Spielstück gedacht und darum eher für Flöten oder andere Instrumente notiert. Wenn nötig, kann die Melodie zum Singen nach unten oktaviert werden.
- Die Stimmen in der Partitur kennzeichnen: erste, zweite und dritte Bassstimme, Akkorde, Melodie.
- Das erste Notensystem analysieren: halbe Noten in Abwärtsbewegung, Ruhepunkt auf dem letzten, tiefsten Ton des Takts. Diese Stimme üben alle ein.
- Die anderen Stimmen auf Kleingruppen verteilen und einüben.
- Die eigenen Töne in die Klaviaturen auf dem Arbeitsblatt eintragen.
- Ein Arrangement festlegen und auf dem Arbeitsblatt notieren.

HINWEISE ZUM MUSIZIEREN

- Arrangementvorschlag:
  - Eine Stimme trägt in den ruhigen Schritten des 4/2-Takts eine Bass-Melodie vor (erstes System; z. B. Klavier). Im zweiten Durchgang wird diese Stimme durch Bass oder Bass-Klangstäbe gedoppelt.
  - Eine zweite Melodie kommt dazu (zweites System). Die beiden Stimmen werden verglichen: Die zweite liegt in Takt 1 und Takt 2 eine Terz höher und hat am Ende, in Takt 4, eine rhythmische Variante.
  - Die dritte Stimme kommt dazu. Sie ist rhythmisch etwas schwieriger, dadurch entsteht mehr Spannung in den letzten beiden Takten.
  - Der Klangteppich der Akkorde kommt hinzu.
  - Das Schlagzeug kommt hinzu (Grundrhythmus, vgl. Seite 58).

Kommentar zu: Spielstücke

- Als Höhepunkt kommt die Melodiestimme dazu, erst instrumental von Flöte oder Geige gespielt, dann vom Chor gesungen, je nach sängerischen Möglichkeiten in hoher oder tiefer Lage.
- Über ein oder zwei Durchgänge wird das ganze Orchester leiser: Der Demonstrationszug verliert sich in der Ferne.

LITERATURTIPPS

Freispruch für Sacco und Vanzetti
Musik hören machen verstehen 9/10

Renaissance

Schülerseite 38
Klassenorchester

Schiarazula Marazula

DIDAKTISCHE HINWEISE

- Dieses Stück stammt von dem italienischen Komponisten Giorgio Mainerio und wurde 1578 in einem Buch mit Tanzmusik in Venedig erstmals veröffentlicht. Es existieren mehrere popmusikalische Verarbeitungen des Stücks, z. B. von Angelo Branduardi.
- Über den Tanz zu diesem Stück ist nichts bekannt. Diese Tatsache ist eine Herausforderung, sich selbst Tanzschritte dazu auszudenken: Eine Gruppe übt das Musikstück ein, die andere bekommt eine Aufnahme davon und erfindet einen Tanz.
- Alla breve gespielt bekommt *Schiarazula Marazula* einen ziemlichen „drive", der den Schüler/-innen Spaß macht. Darum ist dieses Renaissance-Stück ein guter Anknüpfungspunkt für die Beschäftigung mit Alter Musik.

- Auch in schnellem Tempo bietet das Stück für unterschiedliche Befähigungen eine musikalische Aufgabe:
  - Rhythmus a) ist auf der Großen Trommel sehr einfach zu spielen.
  - Die Begleitstimme im fünften System ist auf der leeren g- und d-Saite von Geigenanfänger/-innen gut zu bewältigen.
  - Die Hauptstimme ist für etwas geübtere Flöten- oder Geigenspieler/-innen vorgesehen.

VORGEHEN

- Einüben der Begleitrhythmen. Vorschlag für Instrumentenverteilung: Schellenring oder Claves für Rhythmus a), eine tiefe Trommel oder Pauke für Rhythmus b) und eine Snaredrum für Rhythmus c).
- Das Stück in viertaktigen Abschnitten üben. Am wichtigsten sind die Hauptstimme und die Begleitstimme im fünften System sowie die Begleitrhythmen. Die anderen Stimmen kommen je nach Leistungsstand hinzu.
- Das ganze Stück mehrfach wiederholen und bei jedem Durchgang das Tempo steigern.

Barock

Schülerseite 39
Klassenorchester
Komponisten kennenlernen

Menuett

DIDAKTISCHE HINWEISE

- Es ist sinnvoll (und auch in vielen Lehrplänen vorgeschrieben), in jedem Schuljahr einen Komponisten etwas genauer kennenzulernen. Von der Vorliebe des Unterrichtenden und der Klasse wird es abhängen, welcher Musiker das im Einzelnen sein wird. Unsere Wahl ist auf Bach, Beethoven und Grieg gefallen, jeweils in Verbindung mit einem für die Klasse spielbaren kleinen Musikstück.
- Eine sinnvolle Hausaufgabe wäre es, den Textbereich auf den Arbeitsblättern ausfüllen zu lassen (Lexikon, Schallplattencover o. Ä.), vielleicht auch in Verbindung mit einem Referat als Einzel- oder Gruppenarbeit.
- Stichworte: Barockmusik, Kirchenmusik, höfische Musik

Kommentar zu: Spielstücke

- Johann Sebastian Bachs Lebensdaten: geboren 1685 in Eisenach, gestorben 1750 in Leipzig.
- Dieses kleine Barockstück stammt aus dem Notenbüchlein, das Bach seiner Frau Anna Magdalena zusammengestellt hat. Auch heute noch ist diese Sammlung für Pianisten eine Pflichtübung. In der hier vorgestellten vereinfachten Fassung ist das Stück auch für das Klassenorchester spielbar.

VORGEHEN

- Besprechen: Wie sind die einzelnen Takte rhythmisch gestaltet? Welche rhythmischen Figuren kommen besonders oft vor?
- Gleiche rhythmische Figuren mit gleicher Farbe kennzeichnen.
- Rhythmen ausprobieren:
  - Klatschen

- Auf dem Tisch oder auf dem Oberschenkel mit der linken Hand die Zählzeit *1*, mit der rechten Hand die restlichen Notenwerte schlagen.
- Den Rhythmus der ersten acht Takte auf diese Weise spielen.
- In beiden Systemen den ersten Ton in jedem Takt farbig einkreisen und nur diese Töne als punktierte Halbe spielen, erst einstimmig, dann zweistimmig. Schwächere Schüler/-innen können diese Stimme beibehalten.

HINWEISE ZUM MUSIZIEREN

- Wir schlagen folgende Instrumentenverteilung vor: oberes System: Flöte, Geige oder Tasteninstrumente; unteres System: Xylofon oder Tasteninstrumente.

Klassik

Schülerseite 40
Klassenorchester
Komponisten kennenlernen

Air russe

DIDAKTISCHE HINWEISE

- Ludwig van Beethovens Lebensdaten: geboren 1770 in Bonn, gestorben 1827 in Wien.
- Stichworte: erster freischaffender Komponist, Taubheit, Wiener Klassik, klassische Musik
- *Air russe* wurde ursprünglich für Klavier geschrieben. Beethoven hat darin eine russische Volksweise verarbeitet.

VORGEHEN

- Der Einstieg in das Musizieren könnte über die Erarbeitung der Akkorde erfolgen, zunächst also ohne das Schülerarbeitsblatt. Das Tafelbild dafür:

am   am   E7   E7   am   am   E7   am

C   C   G   E7   am   am   E7   am

Von diesem Tafelbild werden die Grundtöne gespielt, zunächst in Halben, dann in Vierteln.

- Das Arrangement ist so weit vereinfacht, dass eine Spielgruppe im Klassenorchester mit *e* und *d* nur zwei Töne zu spielen hat.
- Der Rhythmus *vier Achtel, eine Halbe* ist leicht zu hören und zu spielen. Er wird acht Mal wiederholt. Beim sechsten Mal werden die Achtel auf den Ton *d* gespielt, die Halbe dann wieder auf den Ton *e*.
- Sobald diese Stimme klappt, können die Schüler/-innen) die weiteren Stimmen selbstständig einüben. Fortgeschrittene Schüler/-innen können dann z. B. versuchen, am Xylofon mit zwei Schlägeln zwei Stimmen gleichzeitig zu spielen.
- Wenn die Akkorde des Stücks bekannt sind, lassen sich zusätzliche Stimmen erfinden, z. B. eine Bassstimme aus Grundtönen mit dem Rhythmus *Viertel, Viertel, Halbe*. Hierfür sind die leeren Notenlinien vorgesehen.
- Auf der Gitarre werden nur die g-Saite, die h-Saite und die e-Saite angeschlagen. Die Punkte bezeichnen die Griffe für die „Einfinger-Gitarre", die kleinen Kreise diejenigen für die „Zweifinger-Gitarre". Fortgeschrittene Schüler/-innen können die Griffe natürlich vollständig spielen.

Romantik

Schülerseite 41
Klassenorchester
Musikalische Parameter
Komponisten kennenlernen

In der Halle des Bergkönigs

DIDAKTISCHE HINWEISE

- Edvard Griegs Lebensdaten: geboren 1843 in Bergen, gestorben ebenda 1907.
- Die Schauspielmusik zu *Peer Gynt* von Henrik Ibsen entstand zwischen 1874 und 1876 auf Wunsch des Dichters. Peer Gynt ist ein junger Mann, der sich mit Lügengeschichten durch das Leben mogelt. Eines Tages wird er von Trollen entführt und in die Halle des dämonischen Bergkönigs Dovrealten gebracht, wo er die Trollprinzessin heiraten soll. Er weigert sich und die Trolle werden sehr wütend, sie beschimpfen und bedrohen ihn. In tiefster Verzweiflung und Angst ruft Peer nach seiner Mutter Ase, die eben im Sterben liegt. Daraufhin beginnen Kirchenglocken zu läuten, die Halle stürzt ein und er ist gerettet.
- Der Reclam-Konzertführer beschreibt die Musik folgendermaßen: „Mit einfachen Mitteln gestaltet Grieg ein Bild wild-romantischer Phantastik. Ein markantes Thema beherrscht das Geschehen. Es wird ständig wiederholt, erscheint zunächst leise in den Bässen, wandert zu den Fagotten, zieht bald die Violinen, die Holzbläser an, wird lauter, schrill, beängstigend. Man spürt förmlich, wie die Unholde des Berges Peer zwacken und hetzen." (Hans Renner, *Reclam Konzertführer*, Seite 444)
- Folgende musikalische Parameter lassen sich an diesem Stück besonders gut erlernen:
  - Dynamik: sehr leiser Beginn, kontinuierliches crescendo.
  - Veränderung des Tempos durch accelerando.
  - Möglichkeiten der Steigerung: von tiefer Lage zu hoher Lage, Hinzukommen von Instrumenten.
  - Spannung zwischen ostinater Bassfigur (Takt 1–3) und harmonischer Bewegung (am, H-Dur, B-Dur).

VORGEHEN

- Die Umsetzung durch das Klassenorchester ist in unterschiedlicher Weise möglich.
- Einfache Version: Nur den A-Teil spielen.
  - Zunächst mit allen Instrumenten den vorwärts drängenden, aufwärts gerichteten Wechselbass einüben (zweites System).
  - Dann auf Xylofonen die gegenläufige Abwärtsbewegung aus System drei einüben.
  - Jetzt folgt auf Xylofonen und Keyboards mit Pizzicato-Klängen die Hauptstimme aus System eins.
  - Die Akkorde für Gitarre, Keyboard oder Klavier im vierten System müssen genau gespielt werden und erfordern ein wenig Übung und ein gutes Ohr.
- Schwierigere Version: Alle Stimmen beider Teile in Gruppen einüben.
- Wenn die Stimmen eingeprobt sind und das Originalstück gehört wurde, sollte sich jede Klasse oder Kleingruppe als Abschluss ein eigenes Arrangement überlegen.

HINWEISE ZUM MUSIZIEREN

- Vorschlag für Instrumentenverteilung:
  - System eins: Keyboard, Xylofon, Klavier oder Flöten.
  - System zwei: Klavier, Bass-Klangstäbe oder Bass.
  - System drei: Xylofone oder Klavier.
  - System vier: Keyboard, E-Gitarre oder drei Glockenspiele.
- Es ist wichtig, alle Stimmen staccato zu spielen, damit sich die geheimnisvolle, bedrohliche Stimmung entfaltet.
- Arrangementvorschlag:
  - Mit einem langen tiefen Ton *e* auf den Keyboards beginnen.
  - Die Hauptstimme aus Teil A setzt ein, eine Oktave tiefer als notiert. Die Wiederholung wird wie notiert gespielt.
  - Die Hauptstimme des B-Teils wird ebenso gespielt: erst tief, dann wie notiert.
  - Bei jedem weiteren Durchlauf kommt eine Stimme bzw. eine Instrumentengruppe dazu.
  - Im letzten Durchgang das Tempo steigern.
  - Noch einmal den A-Teil und dann den Schluss unisono spielen.

Christiane Heyde / Benedikt Heyde: Musik in der 5./6. Klasse
© Persen Verlag GmbH, Buxtehude

Zeit, Puls, Rhythmus und Takt

Schülerseite 42
*Rhythmen über Bewegung und Sprachrhythmen
lernen*
Notation von Rythmen vorbereiten
Begriff Takt

DIDAKTISCHE HINWEISE

*   Diese „Schnüre" dienen der Veranschaulichung
    musikalischer Ereignisse in der Zeit: Die Zeit
    „läuft" von links nach rechts und zu bestimmten
    Zeitpunkten findet ein klangliches Ereignis statt.
    Als Orientierung dient der Puls, der auf dem
    Papier als räumliche Gliederung der Zeit darge-
    stellt ist.
*   Als Ergänzung sind Sprachrhythmen empfehlens-
    wert:
    O- ma- ma, **O**- ma- ma, **O**- pa
*   Die Kästchen links können für Nummerierungen
    oder Markierungen einer „eigenen Stimme" ge-
    nutzt werden.
*   Neben der grundsätzlichen Erprobung und Erörte-
    rung von Zeit, Tempo und Betonung lässt sich die-
    ses Blatt auch zur Vorbereitung der Standard-
    notation nutzen (vgl. Seiten 43 und 44).
*   Durch Eintragen regelmäßiger Gruppierungen
    kann der Begriff *Takt* eingeführt werden.
*   Es ist empfehlenswert, die Schülerseite groß an die
    Tafel zu schreiben oder per Tageslichtprojektor an
    die Wand zu projizieren.

VORGEHEN

*   Willkürlich Punkte markieren und dann im
    Vorübergehen der Zeit die markierten Stellen hör-
    bar machen.
*   Auf dem Arbeitsblatt „vorübergehen", indem mit
    einem Finger die Punkte von links nach rechts
    abgeklopft werden.
*   „Vorübergehen" kann auch wörtlich genommen
    werden, wenn die Zeitschnur mit Klebepunkten
    groß auf dem Fußboden markiert wird: Es ergeben
    sich große Schritte, Trippelschritte, Humpelbewe-
    gungen ...
*   Die Zahlen eins bis sechzehn mit unterschiedli-
    chen Betonungen sprechen und die Betonungen
    durch Farben markieren.
*   Schon bekannte Rhythmen (z.B. von *Alegría*,
    Seite 32) auf die Schnüre übertragen.
*   Zwei oder mehr Zeitschnüre zusammenfassen und
    auf zwei Klangerzeuger verteilen, z.B. die linke
    Hand gegen die rechte Hand.

*   Eine Zeitschnur auf zwölf Punkte begrenzen und
    dann eine Vierergruppe gegen eine Dreiergruppe
    notieren und spielen.

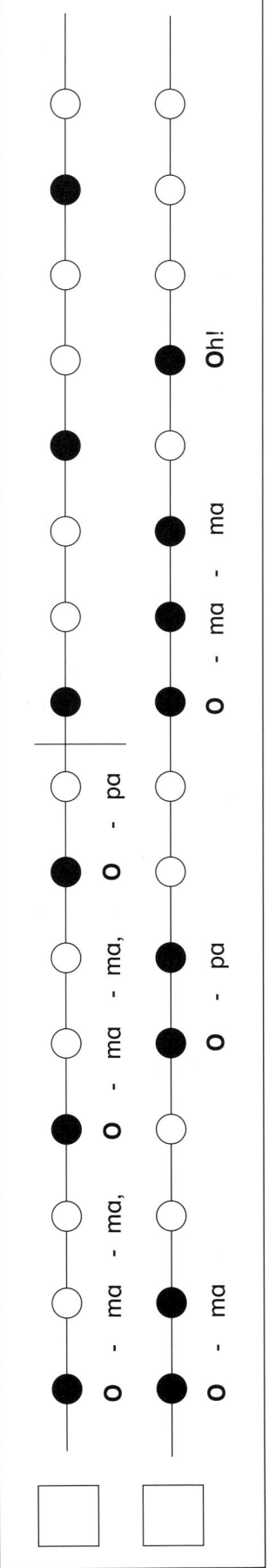

Kommentar zu: Musik und wie man sie aufschreibt

Notenwerte und Rhythmen im 4/4-Takt

Schülerseite 43
Der Viervierteltakt
Notenwerte schreiben und lesen

DIDAKTISCHE HINWEISE

- In der Tabelle auf dem Arbeitsblatt ist Zeit als Raum dargestellt. Zum Begreifen der Notenwerte ist es immer hilfreich, die Zeit „sichtbar" zu machen.
- Andere Möglichkeiten zur Veranschaulichung der Notenwerte sind z. B. die Arbeit mit Metronom oder Stoppuhr.
- Das Blatt ist gut geeignet für die Arbeit in Kleingruppen.

- Eine Kopie dieser Seite lässt sich später auch für einen Test nutzen.

VORGEHEN

- Zunächst sollte ein Überblick über die gebräuchlichsten Notenwerte geschaffen werden. Achtung: Sechzehntelnoten passen nicht in das Raster!
- Die obere Übersichtstabelle wird gemeinsam ausgefüllt.
- In die zweite Tabelle werden eigene Rhythmen eingetragen (einzeln oder in Kleingruppen) und anschließend der Gruppe vorgespielt.
- In die untere Tabelle werden die Rhythmen von bereits bekannten Liedern oder Spielstücken eingetragen.

Notenwerte und Pausen

Schülerseite 44
Notation von Rhythmen
Notation von Pausen
Rhythmen schreiben und spielen

DIDAKTISCHE HINWEISE

- Voraussetzung für die Bearbeitung dieser Seite ist der sichere Umgang mit Notenwerten im Viervierteltakt.

- Das Blatt ist gut geeignet für die Arbeit in Kleingruppen.
- Für die Bearbeitung sollten alle Schüler/-innen ein Instrument zur Verfügung haben.
- An geeigneter Stelle sollte ein Hinweis auf die Möglichkeit erfolgen, mehrere kleinere Notenwerte durch einen Balken zusammenzufassen.

Tonhöhen im Notensystem

Schülerseite 45
Notation von Tonhöhen

DIDAKTISCHE HINWEISE

- „Müssen wir Noten lernen?" Eine nahe liegende Frage und Klage von Schülern. Die Kluft zwischen dem Hören eigener, vertrauter Musik und den schwarzen Chiffren auf Linien ist groß. Nur im stetigen Wechsel zwischen Musizieren und Lesen kann den Schüler/-innen bewusst werden, dass das Notensystem eine der Türen ist, die den Zugang zum Universum der Musik ermöglichen. Das Erlernen der Notenschrift ist ein notwendiger

Schritt, um durch die Tür zu gehen. Insofern steht das Notensystem auch modellhaft für andere Systeme der Verarbeitung und Darstellung von Botschaften und Ausdruckswelten.
- Für die Bearbeitung sollten alle Schüler/-innen ein Instrument mit ausreichendem Tonumfang zur Verfügung haben.
- Das Blatt ist gut geeignet für die Arbeit in Kleingruppen.

Christiane Heyde / Benedikt Heyde: Musik in der 5./6. Klasse
© Persen Verlag GmbH, Buxtehude

Noten lesen, spielen und schreiben

Schülerseite 46
Noten lesen
Eigenes Stück erfinden und notieren

DIDAKTISCHE HINWEISE

- Mit diesen einfachen Melodien ist ein Einstieg in das Spiel (fast) aller Instrumente möglich.
- Jede/-r sollte nach dem Erarbeiten dieser Seite die Töne auf den Bildern gekennzeichnet und benannt haben.
- Um die Beziehung zwischen Noten, gespielten Tönen und Griffen auf dem Instrument noch augenfälliger zu machen, können auch Farben als Hilfe dienen – z. B.: den Ton *d* blau umranden und auf den abgebildeten Instrumenten entsprechend blau kennzeichnen.
- Ein eigenes Fünf-Ton-Stück sollte den Schülern viel Freiraum lassen. Grundlage sind nur die behandelten fünf Töne.
- Bei geringer „Versuchsbereitschaft" könnte das Fünf-Ton-Stück auch nach dem Zufallsprinzip erfunden werden. Dafür wird ein Würfel mit Klebepunkten versehen, auf denen die Notennamen *(d, e, f, g, a)* stehen. Die sechste Fläche bekommt eine Viertelpause.

VORGEHEN

- Die jeweils verfügbaren Instrumente besprechen und klären, wie man darauf spielt.
- Melodien mit zwei, drei, fünf Tönen spielen – die auf dem Blatt oder selbst erfundene.
- Die Melodien auf dem Arbeitsblatt können gemeinsam oder in Instrumentalgruppen eingeübt werden.
- Denkbar wäre ein Instrumentenkreis, in dem weitergerückt wird, sodass jede/-r Schüler/-in einmal in jeder Instrumentengruppe gespielt hat.
- In die leeren Notensysteme auf der Schülerseite ein eigenes Fünf-Ton-Stück eintragen. Es lohnt sich, den Notenschlüssel vorher auf einem Schmierzettel zu üben.

HINWEISE ZUM MUSIZIEREN

- Als Begleitung können die Grundtöne im Rhythmus *Halbe – Halbe – Ganze* mitgespielt werden.
- Auf der Geige oder dem Cello ist das Mitspielen auf den leeren Saiten d und a möglich. Am besten zunächst in Halben (Auf- und Abstrich), dann mit variierten Rhythmen (z. B. Rhythmus von Takt 1 und Takt 2).

Schablonen für Tasteninstrumente

DIDAKTISCHE HINWEISE

- Die beiden unten stehenden Tastaturen eignen sich neben der Vorbereitung des folgenden Arbeitsblatts auch für viele andere Zwecke.
- Die Tastatur mit Tonnamen kann auf Karton kopiert werden. Auf der Kopiervorlage auf Seite 100 entspricht die Breite der Tasten der wirklichen Tastenbreite von Klavier und Keyboard, sodass Anfänger diese Schablone hinter die Tastatur stellen können. Die Vorlage lässt sich auch vergrößern und an die Tafel oder an die Wand hängen.

- Die Blankotastatur eignet sich besonders für die Arbeit an der Tafel. Dazu muss sie auf DIN A3 vergrößert werden. Einige Male aneinander geklebt, entsteht so eine tafelbreite Tastatur. An der Tafel wird sie mit Magneten befestigt. Mit weiteren Magneten können Töne markiert werden. Auf diese Weise lassen sich Tonnamen üben, Intervalle, Akkorde oder der Aufbau der Tastatur besprechen, Ton- und Akkordfolgen festlegen und vieles mehr.

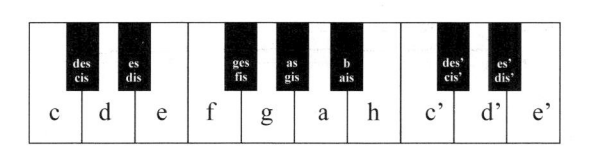

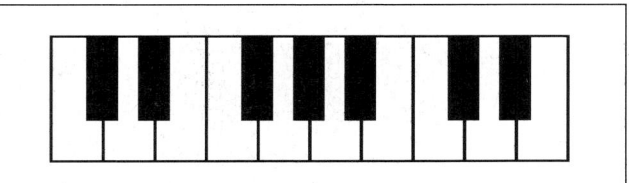

Das Klavier:
Tasten, Töne und Noten

Schülerseite 47
Stammtöne/Halbtöne
Aufbau der Tastatur
Einführung von Kreuz und b

VORGEHEN

- Verschiedene Töne auf einem Tasteninstrument spielen und benennen.
- Die Noten auf dem Arbeitsblatt eintragen und die dazugehörigen Tonnamen unterhalb der Notenlinien auf die entsprechende Taste schreiben.

- In die Leerzeilen Merksätze eintragen. Hier einige Vorschläge:
  - Die weißen Tasten sind die Stammtöne.
  - Die schwarzen Tasten sind die Halbtöne.
  - Die Halbtöne sind in Zweier- und Dreiergruppen angeordnet.
  - Ein Halbton kann vom tieferen oder höheren Stammton aus betrachtet werden. Entsprechend wird er mit einem Kreuz erhöht oder mit einem b erniedrigt.
  - Der Name des Halbtons leitet sich vom Stammton ab.

Die Gitarre:
Saiten, Bünde, Töne und Noten

Schülerseite 48
Aufbau des Griffbretts
Tonleiteraufbau

VORGEHEN

- Die Saitennamen links und die Saitennummer rechts eintragen: tiefe E-Saite = 6, hohe e-Saite = 1. Achtung: Beim Spielen der Gitarre liegen die tiefen Saiten oben, die hohen Saiten weiter unten. Dies kann zu Verwirrung führen!
- Die Töne der Leersaiten in das Notensystem oben eintragen.
- Den Aufbau des Griffbretts besprechen: Bünde erkennen, Anzahl der Bünde bis zum Korpus, Abstand der Bünde immer kleiner. Es muss deut-

lich werden, dass der Ton, der bei gedrückter Saite entsteht, von einem Bund zum nächsten immer einen halben Ton höher ist.
- Vergleich mit dem Klavier: Es gibt keine schwarzen und weißen Tasten für Stammtöne und Halbtöne. Wenn man eine Tonleiter spielen will, muss man deren Aufbau also kennen.
- Eine Tonleiter mit Punkten direkt auf eine Saite eintragen und in Noten in die Notenlinien direkt über den entsprechenden Bund schreiben. Die Notation erfolgt im Violinschlüssel, als transponierendes Instrument klingt die Gitarre aber eine Oktave tiefer.
- Die Leerzeilen unten können dazu dienen, persönliche Erfahrungen aufzuschreiben („Welche Griffe kann ich, welche Lieder habe ich gespielt, welche Gitarristen kenne ich ...") oder den Zusammenhang zwischen Bünden, Verkürzung der Saite und erklingendem Ton in eigenen Worten zusammenzufassen.

Dur-Tonleiter
und Dur-Dreiklang

Schülerseite 49
Aufbau der Dur-Tonleiter
Aufbau des Dur-Dreiklangs
Begriff Grundton

DIDAKTISCHE HINWEISE

- Die Arbeit an diesem und den beiden folgenden

Blättern sollte durchgehend von praktischem Spiel an Instrumenten begleitet sein, damit die Schüler/-innen die klanglichen Qualitäten von Dur und Moll eng mit den auf dem Blatt notierten Chiffren verknüpfen können.

VORGEHEN

- Die C-Dur-Tonleiter so aufschreiben, dass die Ganz- und Halbtonschritte augenfällig werden, nämlich genau über die weißen Tasten des Klaviers.

Christiane Heyde / Benedikt Heyde: Musik in der 5./6. Klasse
© Persen Verlag GmbH, Buxtehude

Kommentar zu: Musik und wie man sie aufschreibt

- Feststellen: Wann wird eine Taste übersprungen? Zwischen welchen Tönen gibt es keine schwarze Taste?
- Erkenntnis: An den Stammtönen, also den weißen Tasten, lässt sich der Aufbau der C-Dur-Tonleiter ablesen. Ein Ganztonschritt bedeutet immer, eine Taste zu überspringen.
- Es muss den Schüler/-innen deutlich werden, dass es von einer Taste zur nächsten immer ein Halbtonschritt ist, genau wie bei der Gitarre und beim Bass von einem Bund zum nächsten.
- Sobald dieses Prinzip durch verbesserte Kenntnis der Tastatur verstanden wurde, können die Schüler die unten vorgegebenen Tonleitern selbstständig aufschreiben. Die folgende Anleitung genügt für alle Tonarten, die auf weißen Tasten beginnen:
  - Zuerst wird der Grundton notiert, von dem die Tonleiter ihren Namen hat.
  - Von diesem aus geht man dem Ganzton-Halbton-Schema der C-Dur-Tonleiter folgend die Treppe aufwärts.

- Wenn man mit einem Ganztonschritt auf einer schwarzen Taste landet, also eine Taste übersprungen werden musste, wird der untere Stammton mit einem Kreuz erhöht.
- Wenn man mit einem Halbtonschritt auf einer schwarzen Taste landet, wird der obere Stammton mit einem b erniedrigt.
- Jetzt ist auch der Zeitpunkt, um die Tonleitern auf den unterschiedlichsten Instrumenten (Tasten, Stabspiele, Gitarre, Bass) praktisch zu probieren und zu kontrollieren.
- Wenn der Tonleiteraufbau verstanden wurde, ist es nur ein kleiner Schritt zum Dreiklang: Der erste, der dritte und der fünfte Ton der Tonleiter bilden den entsprechenden Dreiklang.
- In jeder Notenzeile wird rechts der dazugehörige Dreiklang eingetragen.
- Auf den Schreibzeilen wird das Vorgehen in eigenen Worten notiert.
- In die Tastaturen lassen sich Tonleitern oder Dreiklänge eintragen.

Moll-Tonleiter und Moll-Dreiklang

> Schülerseite 50
> *Aufbau der äolischen Moll-Tonleiter*
> *Aufbau des Moll-Dreiklangs*
> *Begriff* Grundton

VORGEHEN

- Wenn die Dur-Tonleiter bekannt ist, wird nach dem gleichen Verfahren die (äolische) Moll-Tonleiter erarbeitet. Dafür die Tonleiter von *a* aus aufschreiben, wieder genau über die entsprechenden Tasten

des Klaviers, wieder nur mit weißen Tasten. So lässt sich leicht herausfinden, dass der Aufbau der Moll-Tonleiter sich von demjenigen der Dur-Tonleiter unterscheidet. Achtung: Die Tastatur auf der Schülerseite beginnt links mit *a*, nicht mit *c*!
- Feststellen: Wann wird eine Taste übersprungen? Zwischen welchen Tönen gibt es keine schwarze Taste?
- Erkenntnis: An den Stammtönen, also den weißen Tasten, lässt sich der Aufbau der a-Moll-Tonleiter ablesen. Ein Ganztonschritt bedeutet immer, eine Taste zu überspringen.
- Ist das geschafft, geht es, vielleicht schon ganz selbstständig, an das Notieren der Moll-Tonleitern und Moll-Dreiklänge.

Dur und Moll – Tonleitern und Dreiklänge

> Schülerseite 51
> *Tonleitern und Dreiklänge üben*

DIDAKTISCHE HINWEISE

- Mit dem auf der Folgeseite abgebildeten Dur-Lineal kann auf der Schülerseite von jedem Ton aus die gesuchte Tonleiter abgelesen werden. Die Pfeile

zeigen die zugehörigen Töne an. Die Punkte lassen den Dreiklang der gesuchten Tonart erkennen. Es muss nur darauf geachtet werden, dass die ursprünglichen Stammtöne namentlich beinhaltet sein müssen, also z. B. bei Cis-Dur nicht *cis, dis, f, fis* (darauf zeigen die Pfeile), sondern *cis, dis, eis, fis*.
- Das Moll-Lineal lässt sich entsprechend nutzen. Für Fortgeschrittene eine Einschränkung: Es handelt sich immer um die äolische Molltonleiter.
- Das Arbeitsblatt eignet sich gut für Partnerarbeit.

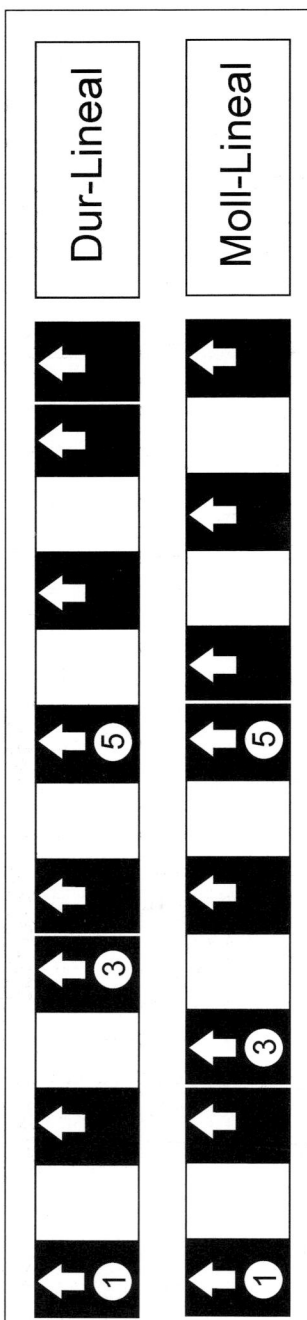

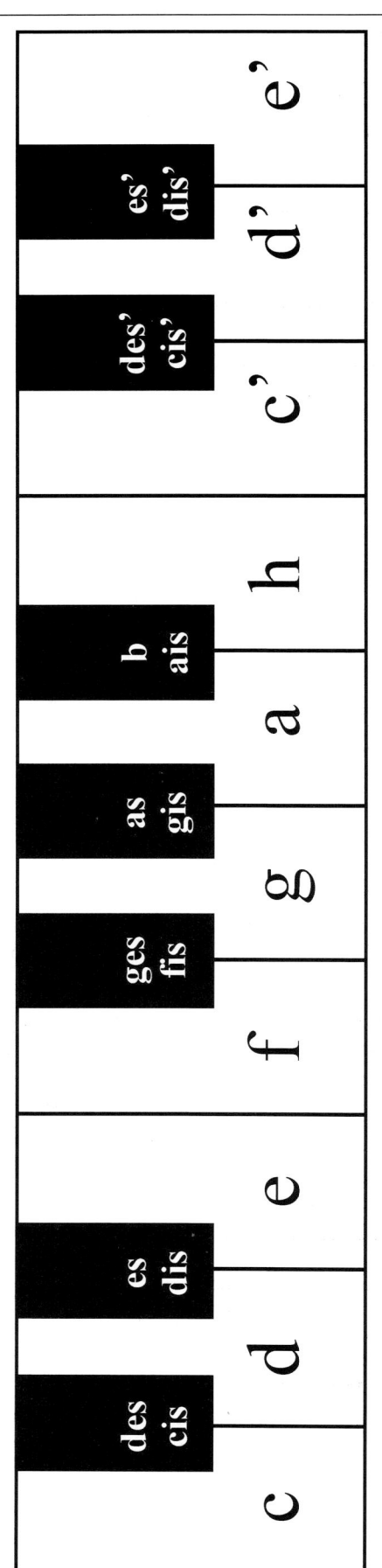

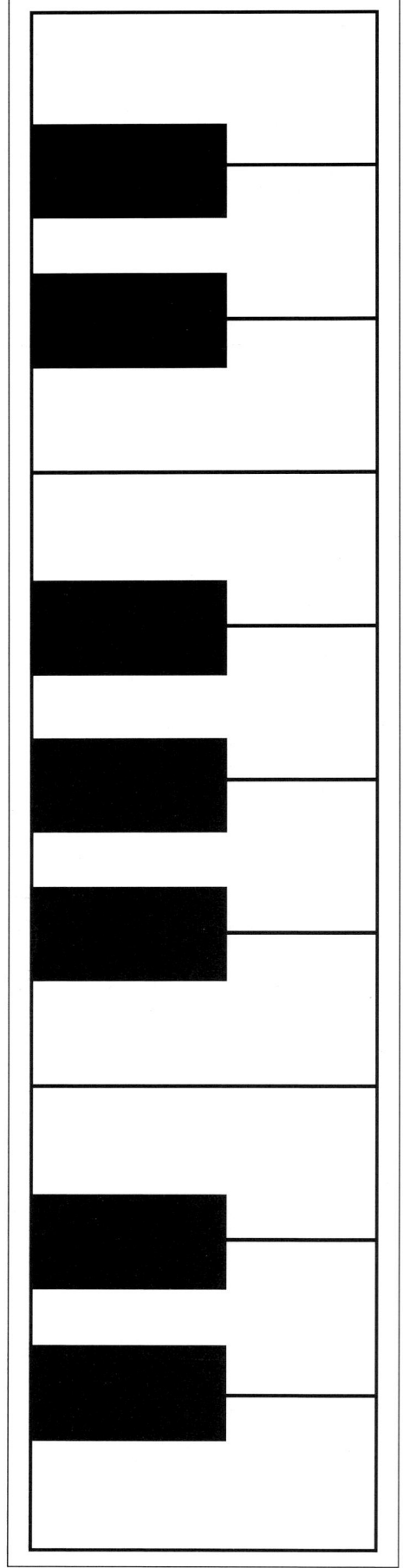

Christiane Heyde / Benedikt Heyde: Musik in der 5./6. Klasse
© Persen Verlag GmbH, Buxtehude

Kommentar zu: Instrumentenkunde

Blasen, streichen, zupfen oder schlagen?

Schülerseite 52
Einstieg in die Instrumentenkunde
Unterteilung nach Spielweise

Die Instrumentengruppen

DIDAKTISCHE HINWEISE

- Mit dieser Seite werden Grundlagen der Instrumentenkunde vermittelt. Die Schüler können ihre Vorkenntnisse einbringen, an der Schule vorhandene Instrumente können ausprobiert und versteckt oder offen geraten werden, Hörbeispiele können eingesetzt und/oder selbst erstellt werden.

VORGEHEN

- Spielerischer Einstieg: Die Schüler/-innen sitzen im Kreis, die Lehrperson „spielt" pantomimisch ein imaginäres Instrument. Nun führen die Schüler/-innen der Reihe nach ebenfalls pantomimisch die ihnen bekannten Instrumente vor.
- Die „gespielten" Instrumente werden an der Tafel gesammelt.
- Anschließend wird besprochen, ob und wie sie sich in Gruppen einteilen lassen. Die Spielweise erweist sich als nützliches Kriterium für die Einteilung.
- Einsatz des Arbeitsblatts: Die abgebildeten Instrumente beschriften, die Instrumente ausmalen und die Tabelle ausfüllen.

Aus Fell, Holz oder Metall

Schülerseite 53
Klangerzeugung
Bauweise

Die Schlaginstrumente

VORGEHEN

- Die auf der Seite abgebildeten Instrumente benennen, die Instrumentengruppe herausfinden und als Überschrift eintragen.
- Die Namen der Instrumente eintragen.
- Über die Art der Klangerzeugung sprechen (Idiofone, also Selbstklinger, Membranophone), Bauweisen und Materialien besprechen (Fell, Holz, Metall, Kürbis ...).

- Instrumente mit bestimmter Tonhöhe (Xylofon und Pauke) und Instrumente mit unbestimmter Tonhöhe (alle anderen) unterscheiden.
- Über die Bedeutung der Schlaginstrumente sprechen: große und verschiedenartige Gruppe von Instrumenten, älteste Instrumente der Musikgeschichte, Einsatz in allen Musikstilen.
- Schlaginstrumente selber bauen.
- Die selbst gebauten oder vorhandenen Instrumente musikalisch einsetzen (z. B. zu *Alegría*, Seite 32)

LITERATURTIPPS

In *Spielpläne* 1, Jg. 5/6 finden sich ausführliche Bauanleitungen für den Eigenbau von Schlaginstrumenten.

Mit Mundstück, Zug und Ventilen

Schülerseite 54
Klangerzeugung
Bauweise
Selbst gebaute Instrumente

Die Blechblasinstrumente

VORGEHEN

- Die auf der Seite abgebildeten Instrumente benennen, die Instrumentengruppe herausfinden und auf Grund der gemeinsamen Merkmale die Überschrift eintragen.
- Die Teile der Blechblasinstrumente benennen, mit Farbstift eintragen und richtig kennzeichnen.
- In die Leerzeilen unten sollten Merksätze zu den Instrumenten eingetragen werden. Hier einige Anregungen:

- Blechblasinstrumente werden zumeist aus Messing gebaut.
- Die Töne werden mit den Lippen erzeugt. Die Lippen sind die Schwingungserreger. Sie müssen beim Blasen vibrieren.
- Das Mundstück fängt die Lippenschwingungen auf und leitet sie wie ein Trichter in das Instrument.
- Die Länge des Rohrs entscheidet über die Höhe des Tons.
- Moderne Blechblasinstrumente haben Ventile (Trompete) oder einen Zug (Posaune). Damit kann die Länge des Rohrs, also der schwingenden Luftsäule, variiert werden.
- Moderne Blechblasinstrumente haben zwei Öffnungen. Durch die eine wird Luft hineingeblasen, durch die andere kommt der Ton heraus.

VERSUCHE

- Die Lippen als Schwingungserreger: Luft durch geschlossene Lippen pressen („Pups-Geräusch"), dabei unterschiedliche Tonhöhen und Lautstärken versuchen.

- Dasselbe, aber die Lippen dabei locker lassen („Pferdeschnauben").
- Ein Horn selbst bauen: Ein Stück Gartenschlauch von ca. 1,5 m Länge in 2–3 Windungen wie ein Horn wickeln, unten an der Griffstelle mit Klebeband umwickeln und dadurch fixieren. In das eine Ende des Schlauchs kommt ein echtes Kesselmundstück, in das andere ein Küchentrichter mittlerer Größe. Das so gebastelte „Gartenschlauch-Horn" sieht nicht nur gut aus, sondern lässt sich auch verblüffend einfach spielen. Als Fortsetzung können Schlauchdurchmesser, Schlauchlänge und Form variiert werden – bis hin zum „Gartenschlauch-Alphorn".
- Ähnliche Versuche lassen sich mit einem echten Kuhhorn anstellen, das an der Spitze so abgesägt wurde, dass ein – nicht zu kleines – Blasloch entsteht.
- Das Didgeridoo ist auf Grund seiner Bauweise ein Verwandter der Blechblasinstrumente. Es lässt sich mit Wasserrohren oder Installationsrohren nachbauen.

Mit Rohrblatt und Anblaskante

Schülerseite 55
Klangerzeugung
Bauweise
Selbst gebaute Instrumente

Die Holzblasinstrumente

VORGEHEN

- Holzblasinstrumente durch Hörbeispiele, Anschauung und Ausprobieren kennenlernen.
- Besprechung der Klangerzeugung und der Bauweise mit eigenen Versuchen (siehe unten).
- Einsatz des Arbeitsblatts: Die auf der Seite abgebildeten Instrumente benennen, die Instrumentengruppe herausfinden und als gemeinsames Merkmal die Überschrift eintragen.
- Die abgebildeten Instrumente beschriften und die Leerzeilen ausfüllen. Hier einige Anregungen:
  - Die Klangerzeugung erfolgt mit unterschiedlichen Mundstücken: Anblaskante (Querflöte), Doppelrohrblatt (Fagott und Oboe), Einfachrohrblatt (Klarinette und Saxofon).
  - Holzblasinstrumente haben mehrere Grifflöcher bzw. Klappen.
- Die Länge und Form der schwingenden Luftsäule beeinflusst den Ton.
- Zum Bau werden verschiedene Materialien verwendet: Neusilber (Querflöte), Grenadillholz (Oboe, Klarinette), Ahornholz (Fagott), Messing (Saxofon).
- Die Rohrformen sind zylindrisch (Klarinette, Flöten, Fagott) oder konisch (Saxofon).

VERSUCHE

- Eine Art Panflöte mit Anblaskante entsteht ganz schnell aus einer Füllerkappe oder einer Flasche.
- Ein Kamm mit Seidenpapier darüber ergibt ein Einfachrohrblatt.
- Ein Doppelrohrblatt lässt sich aus einem Trinkhalm basteln: Das Ende platt drücken und an beiden Seiten aufschneiden. Es entstehen zwei frei schwingende Zungen.
- Um die wichtige Rolle des Mundstückes zu verstehen und zu hören, sollte einmal versucht werden, die Mundstücke zu tauschen. Eine Möglichkeit dafür: Einen angeschnittenen Trinkhalm (also ein Doppelrohrblatt) in einen durchbohrten Korken

setzen und das so entstandene Mundstück in das Rohr einer Blockflöte einpassen. Diese Blockflöte klingt sehr schlangenbeschwörerisch!

LITERATURTIPPS

Weitere Bastelanleitungen in: *Banjo 5/6, Musik um uns 5/6, Die Musikstunde 5/6, Amadeus 1, Jg. 5/6*

Mit Fingern oder Plektrum

Schülerseite 56
Klangerzeugung
Bauweise
Herkunft/Verwendung

Die Zupfinstrumente

DIDAKTISCHE HINWEISE

• Die Zupfinstrumente bilden eine sehr große, in vielen Musikstilen wichtige Gruppe, sodass man sich beim Vorstellen und Besprechen auf ein Minimum konzentrieren muss. Unsere Auswahl fasst bekannte und „gerade noch bekannte" Instrumente zusammen. Die Texte in den Leerzeilen sollten als knappe Merksätze formuliert sein.

VORGEHEN

• Möglichst viele Zupfinstrumente durch Hörbeispiele, Anschauung und Ausprobieren kennenlernen, Besprechung der Klangerzeugung und der Bauweise.
• Einsatz des Arbeitsblatts: Die auf der Seite abgebildeten Instrumente benennen, die Instrumentengruppe herausfinden und aufgrund der gemeinsamen Merkmale die Überschrift eintragen.
• Die abgebildeten Instrumente beschriften und die Leerzeilen ausfüllen.

SACHINFORMATIONEN

• Zwei wichtige Bauprinzipien gelten für fast alle Saiteninstrumente:
  • Die Saiten müssen befestigt werden können und trotzdem stimmbar bleiben.
  • Ein Resonanzkörper verstärkt die Schwingungen der Saiten.

• Die **Balalaika** ist das russische Nationalinstrument. Sie hat drei Saiten und es gibt sie in verschiedenen Größen.
• Der Resonanzkörper des **Banjos** ist aufgebaut wie ein Tamburin mit einer massiven Rückseite. Es gibt viersaitige und fünfsaitige Banjos, das viersaitige ist gestimmt wie die Bratsche (*c-g-d-a*). Das ursprünglich aus Afrika stammende Instrument fand große Verbreitung in Nordamerika und wurde zu einem festen Bestandteil der Countrymusik und des Dixieland-Jazz. Es wird mit einem Plektrum oder mit Fingerpicks (auf die Finger aufgesetzte Metallplektren) gespielt.
• Die **Mandoline** ist in Italien beheimatet, spielt aber auch bei uns in der Folklore und in der nordamerikanischen Countrymusik eine Rolle. Sie hat vier Doppelsaiten und ist wie die Geige gestimmt (*g-d-a-e*).
• Die **Harfe** war schon bei den alten Ägyptern bekannt. Sie wird heute entweder in der Folklore gespielt (v. a. der keltischen) oder als Konzertharfe im Orchester. Für jeden Ton ist eine Saite vorhanden, es können also beide Hände zupfen, da die Saiten nicht mit den Fingern verkürzt werden müssen. Keltische Harfen sind meist pentatonisch gestimmt, Konzertharfen haben 64 Saiten, die diatonisch in Ces-Dur gestimmt sind. Die Halbtöne lassen sich mit Fußpedalen einstimmen.
• Die **Zither** hat fünf Spielsaiten, die über ein Griffbrett mit 29 Bünden laufen, sowie je nach Größe des Instruments 24 bis 37 frei schwingende Begleitsaiten. Alle Saiten laufen über einen hölzernen Resonanzkörper mit Schallloch. Die Spielsaiten werden mit einem Metallring auf dem Daumen der rechten Hand angerissen, die Begleitsaiten dagegen mit den Fingern gezupft. Die Zither ist ein vor allem im Alpenraum verbreitetes und beliebtes Volksinstrument.

Mit Saiten und Bogen

> Schülerseite 57
> *Klangerzeugung*
> *Bauweise*

Die Streichinstrumente

VORGEHEN

- Die Instrumente durch Hörbeispiele, Anschauung und Ausprobieren kennenlernen. Dabei über verschiedene Aspekte sprechen: Klangerzeugung, Materialien, Bauweise, Geschichte, Verwendung, Spieltechniken (z. B. pizzicato).

- Vergleich Streichinstrumente – Gitarre: keine Bünde, gewölbter Hals wegen Spiel mit Bogen, vier Saiten, Holzmechaniken, F-Löcher, Größe.
- Den Unterschied zwischen Geige und Bratsche besprechen: Größe und Stimmung sind anders.
- Die auf dem Arbeitsblatt abgebildeten Instrumente benennen, ihre Namen eintragen und den Namen der Instrumentengruppe als Überschrift eintragen.
- Die Teile der Streichinstrumente benennen, mit Farbstift kennzeichnen und an die richtige Stelle schreiben.

Mit Händen und Füßen

> Schülerseite 58
> *Herkunft und Verwendung*
> *Grundrhythmus erlernen*
> *Notation für Drumset*

Das Drumset

SACHINFORMATIONEN

- Zusammenstellung mehrerer Instrumente aus vielen Ländern, in dieser Zusammenstellung etwa 100 Jahre alt.
- Ursprünglicher Zweck der Zusammenstellung war es, Musiker einzusparen. Mit einem Drumset konnte nun eine Person die Instrumente Kleine Trommel, Große Trommel und Becken bedienen, für die vorher drei Personen nötig waren. Gleichzeitig entstand der Nachteil, an einen Ort gebunden zu sein, mit dem Drumset waren keine mobilen Ensembles mehr möglich.
- Notation für Drumset: Die Bassdrum wird im f'-Zwischenraum notiert, die Snaredrum am Platz von c" und die Hihat mit dem x-Notenkopf am Platz von g".

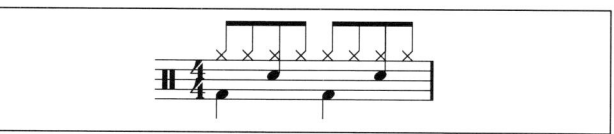

VORGEHEN

- „Wie heißt dieses Instrument?" – Die Überschrift ausfüllen und alle Bestandteile des Drumsets benennen, Namen auf dem Arbeitsblatt eintragen.

- Der Rock/Pop-Grundrhythmus kann mit der ganzen Klasse im Kreis eingeübt werden. Wichtig ist, dass die Schüler dabei ein freies, lockeres Körpergefühl entwickeln.
- Die Extremitäten müssen von der Körpermitte her unabhängig und trotzdem koordiniert bewegt werden können: Ein Arm hoch, ein Bein schütteln, die Arme gegeneinander bewegen, in die Hände klatschen, mit den Füßen trampeln, die Arme kreisen lassen usw.
- Nach diesen Aufwärmübungen erfolgt die Konzentration (und Reduktion) auf die Viererbewegung des Grundrhythmus: Das rechte Bein stampft auf die Zählzeiten *1* und *3*.
- Die linke Hand klopft bei den Zählzeiten *2* und *4* auf den rechten Schenkel – erst allein, dann zusammen mit der Bewegung des rechten Beins.
- Die rechte Hand klopft Achtel auf den linken Schenkel – auch erst alleine. Dazu wird gezählt: „1 und 2 und 3 und 4 und".
- Die rechte Hand (Achtel) und das rechte Bein (Zählzeiten *1* und *3*) zusammen.
- Die linke Hand und die rechte Hand zusammen.
- Und nun alle drei zusammen!
- Sobald eine gewisse Sicherheit erreicht ist, können „Werkzeuge" zu Hilfe genommen werden, z. B. zwei Stifte als „Sticks". Jetzt haben die Schüler/-innen einen Stuhl vor sich stehen, die Rückenlehne zeigt nach links. Sie bildet die Hihat, die Stuhlfläche wird zur Snaredrum und der rechte Fuß stampft auf dem Boden den Rhythmus der Bassdrum.
- In die leeren Notenzeilen unten auf der Schülerseite können eigene Rhythmen eingetragen werden. Die Bassdrumfigur lässt sich einfach variieren.

Christiane Heyde / Benedikt Heyde: Musik in der 5./6. Klasse
© Persen Verlag GmbH, Buxtehude

Hohe Töne – tiefe Töne

Schülerseite 59
Tonlagen
Vertiefung Instrumentenkunde
Vertiefung Notation

DIDAKTISCHE HINWEISE

- Mit dieser Seite können die eigenen Erfahrungen und Beobachtungen zu diesem Thema besprochen und zusammengefasst werden: Eine Geige klingt höher als ein Cello, ein E-Bass klingt tiefer als eine E-Gitarre, je weiter links ich auf dem Klavier spiele, desto tiefer werden die Töne – warum?
- Die Bearbeitung des Blattes sollte auf jeden Fall noch einmal durch praktische Versuche unterstützt werden. Möglichkeiten bieten die im Kommentar zu den anderen Seiten zur Instrumentenkunde sowie unten genannten Versuche und selbst gebauten Instrumente.

- Das Textfeld und die Markierungen neben den Abbildungen können genutzt werden, um die Beobachtungen und Erfahrungen in Merksätzen zusammenzufassen. Hier einige Anregungen:
  - Je dicker eine Saite, desto tiefer der Ton.
  - Wird eine Saite verkürzt, dann erhöht sich der Ton.
  - Je länger die schwingende Luftsäule, desto tiefer der Ton.
  - Durch Abdecken der Grifflöcher wird die Luftsäule verlängert.
  - Hohe Töne stehen im Notensystem weiter oben. Die Stichworte unten auf der Schülerseite bieten das Vokabular, mit dem die beobachteten Gesetzmäßigkeiten formuliert werden können.

VERSUCHE

- Bau eines Monochords
- Klangversuche mit dem Lineal an der Tischkante

Alle zusammen

Schülerseite 60
Zusammenfassung Instrumentenkunde
Informationen über Ensembles zusammentragen

Das Orchester

VORGEHEN

- Die Bearbeitung dieser Seite sollte begleitet sein vom Hören passender Musikstücke, z. B. Benjamin Brittens *The young person's guide to the orchestra*.
- Die Instrumentengruppen im Orchester und im Textfeld mit derselben Farbe markieren.
- Zu jeder Instrumentengruppe werden die dazugehörigen Einzelinstrumente und ein Stichwort zu ihrer Lage im Gesamtklang notiert.
- Die Rubrik *Sonstige* bietet Raum, um Instrumente zu vermerken, die in der Standardbesetzung eines Orchesters nicht vertreten sind, z. B. Klavier, Celesta oder Gitarre. Es kann auch daran erinnert werden, dass Orchester oft mit Solisten (Geige, Sängerin oder Sänger, Cello ...) auftreten.

VERTIEFUNG

- Referat zu einem Orchesterwerk (Einzel- oder Gruppenarbeit)
- Informationen über andere musikalische Formationen zu einem kleinen Lexikon zusammentragen: Streichorchester, Sinfonieorchester, Tanzorchester, Kammerensemble, Kapelle, Bigband, Spielmannszug, Tanzorchester, Combo, Band, Solo, Duo, Trio, Quartett, Chor (Kinder-/Männer-/Frauen-/gemischter/Background-) ..., eventuell auch Playback und Playback-Verfahren, Karaoke.

LITERATURTIPPS

Musik um uns 1, Seite 200 f
Amadeus 1, Seite 112 f
Die Musikstunde 5/6, Seite 54 ff

Was die Stimme alles kann

Schülerseite 61
Sprechen und Singen
Wortschatzarbeit
Erleben der eigenen Stimme
Ausdrucksmöglichkeiten der menschlichen
Stimme erfahren und bewusst machen

VORGEHEN

- Die Erarbeitung der Seite könnte damit anfangen, möglichst viele Worte der Wortfelder *sprechen* und *singen* zu sammeln. Die Sprache verfügt über einen großen Schatz an Worten zur Beschreibung stimmlicher Funktionen: flüstern, brüllen, stottern, nörgeln, schmettern, zwitschern, hauchen, grölen, trällern, summen ...
- Das Textfeld für Eintragungen zur Sprechstimme ist größer, weil die Schüler/-innen über mehr Vorerfahrung mit der Sprechfunktion verfügen.
- Das Sammeln der Begriffe sollte sofort mit praktischen Übungen verbunden werden (siehe unten).
- Es wäre an dieser Stelle auch sinnvoll, die eigene Stimme einmal anders zu erleben, z. B. durch ein Mikrofon (die Stimme klingt fremd, weil sie nicht von innen, also auch über die Kopfknochen wahrgenommen wird), nach einer Aufnahme auf Kassette oder über ein Effektgerät.

VERSUCHE

- Jemand sitzt am Telefon und sagt mehrmals, auf jeweils andere Weise (begeistert, abwägend, unentschlossen ...) „Ja".
- Zusammen oder in der Kleingruppe einigt man sich auf einen Satz und versucht, diesen möglichst vielfältig und unterschiedlich zu sprechen und im Spiel darzustellen (z. B. „Das ist aber eine schöne Bescherung.").
- Geeignet ist auch ein Gedicht, ein Witz oder ein anderer kleiner Text. Dieselbe Passage wird einmal nörgelnd, einmal nuschelnd, einmal stotternd ... gelesen.
- Wenn ein gutes Vertrauensverhältnis in der Klasse besteht, können diese Übungen auch mit gesungenen Motiven durchgeführt werden.

Klänge und Geräusche: Tiere erzeugen Laute

Schülerseite 62
Wahrnehmen, Imitieren und Beschreiben von Tierlauten
Wortschatzarbeit

DIDAKTISCHE HINWEISE

- Auf dieser Seite geht es darum, über Tiere und deren Laute zu sprechen, sie zu imitieren und zu beschreiben. Zuerst sind Tiere vorgegeben, deren Laute zu benennen sind, dann sind Verben im Infinitiv genannt, zu denen ein Tier zu überlegen ist. Die Lösungen sind vielfältig, zwei Vorschläge sind auf der Schülerseite eingetragen.

- Diese Seite eignet sich für Gruppen- oder Einzelarbeit. Die Schüler/-innen sollten sich die Verben und Tiere möglichst allein überlegen, sie imitieren, miteinander besprechen und eintragen (schreiben oder malen).

Klänge und Geräusche: Dinge erzeugen Klänge

Schülerseite 63
Wahrnehmen, Imitieren und Beschreiben von Klängen
Wortschatzarbeit

DIDAKTISCHE HINWEISE

- Bei diesem Arbeitsblatt geht es darum, über Geräusche und Klänge zu sprechen, sie zu imitieren und zu beschreiben. Zuerst sind Dinge vorgegeben, deren Klang zu benennen ist, dann sind Verben im Infinitiv genannt, zu denen ein Klangerzeuger zu überlegen ist. Die Lösungen sind vielfältig, ein Vorschlag ist auf der Schülerseite eingetragen.

- Die Seite eignet sich für Gruppen- oder Einzelarbeit. Die Schüler/-innen sollten sich die Klänge weitgehend allein überlegen, besprechen, imitieren und anschließend Lösungsworte eintragen.

- Vielleicht ist dieses Arbeitsblatt Anlass für eigene Tonbandaufnahmen oder selbst erstellte Hörbeispiele?

- Viele Schüler haben Geräusche-CDs, mit denen sich prima ein Hörquiz erstellen lässt.

Laut und leise

Schülerseite 64
Alltagssprache und Fachsprache
Parameter Lautstärke

DIDAKTISCHE HINWEISE

- Diese Seite kann als Brücke zwischen alltäglichem Empfinden und Alltagssprache auf der einen und musikalischer Wahrnehmung und Fachsprache auf der anderen Seite dienen. Sie knüpft an die Arbeitsblätter *Klänge und Geräusche* (Seiten 62 und 63) an und ermöglicht die Einführung der gängigen musikalischen Zeichen für den Parameter Lautstärke.

- Während der Arbeit an diesem Blatt sollten konsequent die musikalischen Fachbegriffe für die Lautstärken verwendet werden, um die Schüler/-innen an den Umgang damit zu gewöhnen.

VORGEHEN

- Im Gespräch (Klasse oder Gruppenarbeit) wird zunächst ein Begriff für den Klang gesucht, der durch das Bild im „inneren Ohr" entsteht.

- Danach werden die Lautstärke-Empfindungen erörtert – es gibt da ja unterschiedliche Lösungen und Deutungen. Nieselregen beispielsweise ist kaum hörbar, während ein Platzregen auf dem Vordach ganz schön krachen kann.

- Zum Schluss lässt sich einzeln oder als Gruppenarbeit eine Rangfolge der festgestellten Lautstärken überlegen. Hier ein Lösungsvorschlag: 6-5-9-4-11-3-7-2-10-8-1.

Vom Hören

Schülerseite 65
Anatomie und Fähigkeiten des Ohrs
Schallwellen
Richtungshören
Lärm/Gehörschutz
Bau und Funktion eines Mikrofons

Das Ohr und das Mikrofon

DIDAKTISCHE HINWEISE

- Die Beschäftigung mit dem Ohr ermöglicht Zugang zu vielen verschiedenen Themenbereichen. Einige Stichworte: Hören, Klänge und Geräusche, hoch und tief, musikalische Vorlieben, subjektives Hörempfinden, Gefährdung des Ohrs durch Lärm, Gehörschutz ... Auf den Leerzeilen unten ist Platz für die wichtigsten Stichworte.
- Vielleicht gibt es an der Schule oder in der Stadt ein Projekt zur Erfahrungswelt von Blinden. Auch damit ließe sich eine Untersuchung von Fähigkeiten und Anatomie des Ohrs sinnvoll verbinden.
- Es ist nur dann sinnvoll, den unteren Teil dieser Seite zu bearbeiten, wenn in der Klasse schon einmal mit Mikrofon gesungen wurde. Ansonsten sollte der Platz überklebt werden, um dort z. B. Notizen zum Thema *Gefährdung des Ohrs durch Lärm* unterzubringen.

VERSUCHE

- Ausbreitung von Schallwellen: Ein mindestens fünf Meter langer Schlauch wird mit dem einen Ende an ein Ohr gehalten, in das andere Ende wird über einen Trichter ein kurzes Wort hineingesprochen. Ergebnis: Man hört das Wort verzögert.
- Richtungshören: Eine Person hält die Enden eines etwa einen Meter langen Schlauches an das linke und rechte Ohr. Der Schlauch selbst verläuft hinter dem Kopf, am besten auf einem Tisch. Dort steht eine zweite Person und klopft leise auf den Schlauch, jeweils an verschiedenen Stellen. Die hörende Person muss durch Zeigen sagen, wo geklopft wurde.

INFO MIKROFON

- Ein Mikrofon funktioniert ähnlich wie ein Ohr: Es gibt eine Membran (1; „Trommelfell"), eine Magnetspule (2; „Innenohr"), welche die Schallwellen in elektrische Impulse umsetzt, und ein Kabel (3; „Hörnerv"), durch das das Signal z. B. zum Verstärker geleitet wird.
- Eine Rückkopplung mit einem schmerzhaften Pfeifton entsteht, wenn ein akustisches Signal sozusagen mehrfach durch das System läuft. Darum darf ein Mikrofon niemals in Richtung des sendenden Lautsprechers gehalten werden.

Hitparade

Schülerseite 66
Musikalische Vorlieben

DIDAKTISCHE HINWEISE

- Auf dem oberen Teil dieser Seite können die Schüler/-innen mit Text, Bild oder Collage ihre aktuelle Lieblingsmusik vorstellen – eine Gruppe, eine Sängerin, ein besonderes Stück, einen Komponisten oder eine Musikerin. Der untere Teil des Blattes bietet Platz für die Hitparade der Klasse zu einem bestimmten Zeitpunkt.
- Es kann interessant sein, diese Seite zu Beginn und am Ende eines Schuljahres zu bearbeiten und die Unterschiede mit der Lerngruppe zu thematisieren.

Christiane Heyde / Benedikt Heyde: Musik in der 5./6. Klasse
© Persen Verlag GmbH, Buxtehude

Programmmusik

Schülerseite 67
Thema Programmmusik *knapp*
Themen der Tiere als Übersicht

Karneval der Tiere

DIDAKTISCHE HINWEISE

- Diese Seite kann für eine knappe Behandlung oder Wiederholung des Werkes genügen. Die Themen der zwölf Tiere sind in einer Übersicht zusammengestellt.
- Diese Übersicht soll einen Zugang über das Notenbild ermöglichen, über Sehen, Zuordnen und Zuhören. Bei den Hühnern beispielsweise ist die Tonwiederholung auffällig, der ein Sprung nach oben folgt, der Lauf der Wildesel über Berg und Tal ist in den Noten schon erkennbar, und mit etwas Hilfe könnte der Ruf des Kuckucks in den Noten entdeckt werden.
- Anschließend wird jedes Tier und das dazugehörige Thema in derselben Farbe ausgemalt.
- Für eine Vertiefung empfehlen wir die in der folgenden Literaturliste angegebenen Bücher.

- In den meisten Lehrplänen ist für die Jahrgänge 5 und 6 auch eine Auseinandersetzung mit Programmmusik vorgesehen. Viele Unterrichtsbücher sind darauf vorbereitet. Uns scheint es aber problematisch, auf ein bestimmtes Musikstück festgelegt zu sein. Oft haben einige Kinder einer fünften Klasse beispielsweise den *Karneval der Tiere* schon in der Grundschule behandelt. Gleichzeitig gibt es viele andere lohnenswerte Themen und Werke, unter denen man eine Auswahl treffen muss. Deshalb stellen wir im Folgenden eine Auswahlliste mit entsprechenden Literaturhinweisen zur Verfügung. So kann jeweils mit und für jede Lerngruppe entschieden werden, welcher Schwerpunkt gesetzt wird und wie er gestaltet werden soll.
- Vielleicht wird der Schwerpunkt Programmmusik Gegenstand einer Projektwoche?
- Vielleicht erfolgt die Bearbeitung des Schwerpunktes einmal fächerübergreifend – z. B. mit Deutsch (*Der Zauberlehrling*), mit Kunst (*Bilder einer Ausstellung*) oder mit Geografie (*Die Moldau*)?

---

1. Tiere in der Musik

Programmmusik	Babar, der kleine Elefant (Francois Poulenc)
	Karneval der Tiere (Camille Saint-Saëns)
Concerto 1	Karneval der Tiere (Camille Saint-Saëns)
	Peter und der Wolf (Sergej Prokofjev)
	Peer Gynt (Edvard Grieg)
Musik um uns 1	Karneval der Tiere (Camille Saint-Saëns)
	Hummelflug (Nikolai Rimski-Korsakow)
	Vogelpredigt (Friedrich Liszt)
	Die Schwarzamsel (Olivier Messiaen)
Musik um uns 5/6	Karneval der Tiere (Schwerpunkt: Musik erfinden)
Musik hören machen verstehen 5/6	Karneval der Tiere (Schwerpunkt: Der Elefant)
Resonanzen Sek. 1 Band 1	Karneval der Tiere (Camille Saint-Saëns)
Sequenzen, Arbeitsbuch 5/6	Oiseaux exotiques (Olivier Messiaen)
Amadeus 1	Tiere in Liedern

Kommentar zu: Umgang mit Musik

2. Musik und Natur

Programmmusik, Seite 16–23   Gewitter (eigene Versuche)
       6. Sinfonie (Ludwig van Beethoven)
       Alpensinfonie (Richard Strauss)
       The Fall of the House of Usher (Alan Parsons Project)
       Eine Steppenskizze aus Mittelasien (Alexander Borodin)
       Caravan (Duke Ellington)

Concerto 2   Die Moldau (Friedrich Smetana)

Musik um uns 1   Vier Jahreszeiten (Antonio Vivaldi)
       Alpensinfonie (Richard Strauß)
       Sunrise (Uriah Heep)
       Versuche zum Thema Wasser
       Die Moldau (Friedrich Smetana)
       Fluß in China (Yü Po-Ya)

Die grünen Hefte Nr. 48   Die Moldau (Friedrich Smetana)

Die grünen Hefte Nr. 69   Die Mondscheinsonate (Ludwig van Beethoven)

3. Musik und Technik

Programmmusik   Dampfmaschinen-Rhythmen (Spielstück)
       Die kleine Eisenbahn von Capaira (Heitor Villa-Lobos)
       The Typewriter Song (Laurie Anderson)

Musik um uns 5/6   Eigene Versuche zur Zwitschermaschine von Paul Klee

4. Musik und Bild

Programmmusik   Bilder einer Ausstellung (Modest Mussorgski)

Musikkontakte Bd. 1   Die versunkene Cathedrale (Claude Debussy)
       Bilder einer Ausstellung (Modest Mussorgski)

Spielpläne 7/8   Bilder einer Ausstellung (Modest Mussorgski)

Concerto 2   Bilder einer Ausstellung (Modest Mussorgski)

5. Musik und Literatur

Programmmusik (Klett)   Der Zauberlehrling (Paul Dukas)
       The Fall of the House of Usher (Alan Parsons Project)

Die Musikstunde 5/6   Anregungen für eigene Versuche und Texte dazu
       Till Eulenspiegel (Richard Strauss)

Musik um uns   Ein musikalisches Märchen: Text zur eigenen Vertonung

Musik um uns 1   Geschichte vom Soldaten und dem Teufel: eigene Vertonung

Spielpläne 7/8   Der Zauberlehrling (Paul Dukas)

Christiane Heyde / Benedikt Heyde: Musik in der 5./6. Klasse
© Persen Verlag GmbH, Buxtehude

Akkorde auf dem Klavier und auf der Gitarre

> Schülerseite 68
> *Akkorde und Griffe wiederholen*

- Diese Seite bietet die Möglichkeit, nach und nach eine Übersicht häufig benutzter Griffe für Tasteninstrumente und Gitarre zusammenzustellen.

Eine Melodie mit Akkordbegleitung erfinden

> Schülerseite 69
> *Eigenes Stück erfinden und notieren*

- Diese Seite bietet die Möglichkeit, eigene Ideen und kleine Stücke zu notieren. Die vier Akkoladen umfassen acht Takte mit jeweils einem System im Violinschlüssel und einem noch zu definierenden, beispielsweise für den Bass. Über dem oberen Notensystem befinden sich Blanko-Griffbilder und Blanko-Tastaturen sowie Platz für die Notation einer Harmonie. Die Schreibzeilen unter den Notenlinien sind für Text gedacht.

Komposition und Improvisation

> Schülerseite 70
> *Stück mit festgelegter Harmoniefolge erfinden und notieren*

DIDAKTISCHE HINWEISE

- Bei der Arbeit an diesem Arbeitsblatt werden verschiedene Bereiche des musikalischen Tuns so miteinander verknüpft, dass die Trennung zwischen Theorie und Praxis aufgehoben ist. Alles bisher im Unterricht Behandelte wird zusammengefasst und erhält eine „neue Qualität".
- Die Harmoniefolge entspricht fast der des berühmten Pachelbel-Kanons (vgl. *Die grünen Hefte* Nr. 40) und ist dieselbe wie in *Spicks and Specks* von den Bee Gees und in *Streicheleinheiten* von Peter Cornelius.

VORGEHEN

- Vorgegeben sind Notensysteme, eines davon mit Notenschlüssel und Taktangabe, sowie eine Harmoniefolge. Der erste Arbeitsschritt besteht in der Entgegennahme des Blattes. Dabei werden die Ziele benannt: Es geht um die Komposition eines eigenen Stückes, um die Fähigkeit zu improvisieren und um die Notation dessen, was gespielt werden soll.
- Ein weiteres Thema kann die Form *Kanon* sein, denn möglicherweise werden Melodien von mehr als acht Takten entstehen. In diesem Fall müssten entweder mehrere Notenzeilen für die Melodie benutzt oder das Blatt nochmals kopiert werden.
- In das erste Notensystem werden die Grundtöne eingetragen (Wiederholung von Akkorden und Tonleitern!), es wird entschieden, welche Lage gewählt wird. Danach sollte sofort ein gemeinsames Spiel der Tonfolge auf allen verfügbaren Instrumenten stattfinden. Der/die Unterrichtende kann dazu auf Klavier oder Gitarre eine interessante Begleitung spielen. Wenn die Lerngruppe schnell und sicher ist, können auch schon rhythmische Varianten improvisiert oder aus anderen Stücken bekannte Rhythmen ausprobiert werden.
- Die/der Unterrichtende notiert einige Rhythmen an der Tafel, die Lerngruppe klatscht sie und schlägt selbst welche vor. Nach der praktischen Erarbeitung werden die Rhythmen in der Rhythmuszeile notiert.
- Es folgt die Erarbeitung der Akkorde. Die Schüler/-innen nehmen den Grundton als ersten Ton auf einem Tasteninstrument oder dem Papierklavier,

Kommentar zu: Blankoseiten

gehen zum dritten und fünften Ton aufwärts und notieren die Töne der Dreiklänge selbstständig im zweiten System unter die jeweilige Harmonie. Im Gespräch werden die weiteren Dreiklangstöne im Tonraum von *c'* bis *g''* benannt, auch sie werden, farblich abgesetzt, eingetragen. Einige Schüler können die Akkordfolge nun nach kurzer Übezeit schon spielen.

- Jetzt erfolgt die Suche nach der „faulsten" Melodie, also einer Melodie mit möglichst wenigen Tönen, ohne Rhythmus. Im unten stehenden Notenbeispiel befinden sich im dritten System zwei Vorschläge, es geht aber noch einfacher, wenn man

nur die Töne *g* und *a* nimmt. Den Schüler/-innen sollte klar sein, dass eine Melodie zunächst aus akkordeigenen und leitereigenen Tönen gebildet wird und dass in allen verwendeten Akkorden entweder ein *g* oder ein *a* vorkommt.

- Nun können einzelne Schüler/-innen oder Kleingruppen sich daranmachen, eine eigene, „wirkliche" Melodie zu erfinden, indem Rhythmen und Akkordtöne zusammengebracht werden. Durchgangstöne sind erlaubt, im folgenden Beispiel sind die Durchgangstöne etwas verkleinert.

Schülertitelblatt blanko

Schülerseite 71

- Dieses Blatt kommt im Ringbuch der Schüler/-innen ganz nach vorne. Wenn die Eintragungen erfolgt sind, sollte es individuell gestaltet werden.

Christiane Heyde / Benedikt Heyde: Musik in der 5./6. Klasse
© Persen Verlag GmbH, Buxtehude

Inhaltsverzeichnis blanko

Schülerseite 72

- Wenn *Mein Musikbuch* im Ringbuch der Schüler schon einen stattlichen Umfang von mehr als fünfzehn Seiten angenommen hat, dann empfiehlt es sich, die bearbeiteten Seiten zu ordnen, auszusortieren und in die gewünschte Reihenfolge zu bringen. Erst jetzt werden die Seiten oben rechts nummeriert und danach wird das Inhaltsverzeichnis angelegt. Dieses wird ganz hinten (oder ganz vorn, je nach Geschmack) im Ringbuch platziert.

Beurteilung deiner Musikmappe

Schülerseite 73

- Um die Arbeit der Schüler/-innen und die Besonderheit des selbst gestalteten Musikbuchs zu würdigen, ist die Durchsicht und Bewertung der Mappen unerlässlich. Sie sollte wenigstens einmal im Halbjahr erfolgen.
- Damit die Perspektive der Beurteilung vermittelt werden kann und die Bewertungskriterien transparent werden, sollte dieses Blatt schon möglichst früh in die Mappe kommen und mit der Klasse besprochen werden.
- Für die Lehrperson ist das Blatt so vorbereitet, dass die Durchsicht, Korrektur und Bewertung der Mappen schnell vonstatten gehen kann. Vorschlag: In die Einzelkästen kommen Plus- und Minus-Zeichen oder Einzelnoten, darunter eventuelle zusätzliche Kriterien, eine zusammenfassende Bemerkung („ein tolles Buch", „prima gemacht" ...) oder eine zusammenfassende Note. Mit Datum und Unterschrift ist die Arbeit schon beendet.

Lieder- und Spielstückenachweis

1. LIEDER

Seite 17:   *Alles nur geklaut*, Text & Musik Tobias Künzel © 1993 Moderato Musikproduktion GmbH/GG Musikverlag GmbH

Seite 23:   *Atte katte nuwa*, trad.

Seite 26:   *Black and Gold*, trad. Irland

Seite 21:   *Bobo waro fero Satodeh*, trad. Nigeria

Seite 11:   *Buenos días*, Melodie: H.-G. Lenders und Heinz Lemmermann, Text: Ortfried Pörsel und Hans-Günter Lenders, nach einem Motiv aus Puerto Rico, von der Fidula-CD 4401 „Tanzlieder für Kinder", Fidula-Verlag Boppard/Rhein

Seite 14:   *Das verhexte Telefon* von Erich Kästner © Atrium Verlag, Zürich

Seite 9:   *Der Willi Wumm*, Text und Musik: Jan Kramer

Seite 29:   *Des Morgens früh im Dämmer*, Melodie aus Frankreich, deutscher Text: Fritz Schröder, von der Fidula-CD 4428 „Nikolaus, Nikolaus!", Fidula-Verlag Boppard/Rhein

Seite 30:   *Ein heller Stern hat in der Nacht*, Text: Rolf Krenzer, Musik: Detlev Jöcker, aus: Sei gegrüßt, lieber Nikolaus © Menschenkinder Verlag u. Vertrieb GmbH, Münster

Seite 12:   *Es führt über den Main*, Text und Musik: Felicitas Kukuck © by Möseler Verlag, Wolfenbüttel

Seite 25:   *Halloween*, trad. Irland

Seite 23:   *Herbst ist da*, Text: Hannes Kraft © by Möseler Verlag, Wolfenbüttel

Seite 24:   *He's got the whole world*, trad.

Seite 19:   *Hey, hallo*, trad. England

Seite 24:   *Hey ho*, trad. England

Seite 8:   *In dem dunklen Wald von Paganowo*, trad. Russland

Seite 20:   *Karawanensong*, trad. Israel, dt. Text: Benedikt Heyde

Seite 19:   *Kookaburra*, trad. Australien

Seite 27:   *La Bamba*, trad. Mexiko

Seite 6:   *Los, komm mit*, Christiane und Benedikt Heyde

Seite 30:   *Marias Schlaflied*, trad. Polen, dt. Text: Klaus Hofmann

Seite 10:   *Meine Biber haben Fieber*, trad.

Seite 31:   *O, mein liebes kleines Sternchen*, trad. Polen, dt. Text: Birge Mussehl

Seite 22:   *Rock my soul*, trad. Spiritual USA

Seite 19:   *Sprechen mehr als 110*, trad.

Seite 16:   *Tarantella*, trad. Italien, dt. T.: Fritz Schröder

Seite 18:   *Über den Wolken* © Chanson-Edition Reinhard Mey, Berlin

Seite 7:   *Un poquito cantas*, aus: Lied & Song © 1976 by Edition Hieber im Allegra Musikverlag, Frankfurt am Main

Seite 13:   *Vem kan segla*, trad. Schweden

Seite 15:   *What shall we do*, trad. England

Seite 28:   *Wir sind Kinder einer Erde*, Volker Ludwig/Birger Heymann, Das GRIPS Liederbuch, Alexander Verlag, Berlin

Seite 20:   *Wüsten-Kanon* © Detlef Hagge

2. SPIELSTÜCKE

Seite 40:   *Air russe*, Ludwig van Beethoven, A.: Benedikt Heyde

Seite 32:   *Alegría*, trad. Karibik

Seite 36:   *Dance Of The Little Fairies*, Words and Music by Herbie Flowers © 1981 EMI Music Publishing Ltd, London WC2H OQY, reproduced by permission of International Music Publications Ltd – All Rights Reserved

Seite 34:   *Der Nurzweitönesong* © Christoph Schönherr

Seite 33:   *Fledermaus-Blues*, Christiane und Benedikt Heyde

Seite 41:   *In der Halle des Bergkönigs*, Edvard Grieg, A.: Benedikt Heyde

Seite 67:   *Karneval der Tiere*, Camille Saint-Saëns

Seite 39:   *Menuett*, Johann Sebastian Bach

Seite 37:   *Sacco und Vanzetti*, Musik und Text: Joan Baez/Ennio Morricone © by Cyclus Verlag/ BMG Ricordi SPA

Seite 35:   *Samba lélê*, trad. Brasilien

Seite 38:   *Schiarazula Marazula*, Giorgio Mainerio

Christiane Heyde / Benedikt Heyde: Musik in der 5./6. Klasse
© Persen Verlag GmbH, Buxtehude

Verzeichnis der genannten Literaturtipps

- *Amadeus – Das große Liederbuch.* Hg.: Kurt Rohrbach und Volker Schütz, Lugert Verlag, Oldershausen 2001

- *Amadeus*, Band 1 und Band 2. Hg.: Wulf Dieter Lugert, Bettina Küntzel und Thomas Krettenauer, Lugert Verlag, Oldershausen 2001

- *Banjo, Musik 5/6.* Dieter Clauß, Martin Geck, Hans Joachim Kemen, Gottfried Küntzel, Ernst Klett Verlag, Stuttgart 1982

- *Concerto 1, Klassik für Kinder.* Dieter Rehm, Angelika Rehm, Kurt Hackenbruch, Persen Verlag, Buxtehude 2003

- *Concerto 2, Klassik für Kinder.* Dieter Rehm, Angelika Rehm, Kurt Hackenbruch, Persen Verlag, Buxtehude 2004

- *Die grünen Hefte, Praxis des Musikunterrichts*, Nr. 48 und Nr. 69. Hg.: Wolf Dieter Lugert, Lugert Verlag, Oldershausen 1996 und 2002

- *Die Musikstunde, Klasse 5/6.* Heinz Meyer, Verlag Moritz Diesterweg, Frankfurt am Main 1992

- *Einstimmen und Mitsingen, Auftakt: Chor in der Schule*, Heft 4. Hg.: Bernhard Maechtel, Ernst Klett Verlag, Stuttgart 1995

- *Freispruch für Sacco und Vanzetti.* Frederik Hetmann, Ravensburger Buchverlag, Ravensburg 1986

- *Liederbaum.* Hg.: Martin Ketels, Sanna Dinse, Bund-Verlag, Köln 1990

- *Liederstrauß.* Hg.: Martin Ketels, Sanna Dinse, Bund-Verlag, Köln 1994

- *Liederwolke.* Hg.: Martin Ketels, Sanna Dinse, Bund-Verlag, Köln 1996

- *Lied und Song.* Hg.: Verband Bayrischer Schulmusikerzieher, Verlag Max Hieber, München 1976

- *Mini-Orchester/Spielstücke*, Band 1 und Band 2. Jürgern Kreffter, Hildegard-Junker-Verlag, Altenmedingen 1996

- *Musik hören machen verstehen 5/6.* Wulf Dieter Lugert, Metzler Verlag 1979

- *Musik um uns 1*, Neubearbeitung. Hg.: Ulrich Prinz, Albrecht Scheytt, Schroedel Verlag, Hannover 2001

- *Musikkontakte*, Band 1. Hg.: Heinz Jung, Hirschgraben-Verlag, Frankfurt am Main 1983

- *Programmmusik. In: Thema Musik, Arbeitsheft für den Musikunterricht in der Sekundarstufe 1 an allgemeinbildenden Schulen.* Michael Dorn, Ernst Klett Schulbuchverlag, Leipzig 1995

- *Reclam Konzertführer.* Hans Renner, Philipp Reclam jun., Stuttgart 1959

- *Resonanzen, Sekundarstufe 1*, Band 1. Meinolf Neuhäuser, Arnold Reusch, Horst Weber, Verlag Moritz Diesterweg, Frankfurt am Main 1975

- *Schul-Liederbuch, Liedersammlung für die Sekundarstufe 1.* Lutz Gottschalk, Stefan Sell, Kunterbundedition, 1995

- *Sequenzen, Musik Sekundarstufe 1*, Arbeitsbuch 5/6. Hg.: Arbeitsgemeinschaft Curriculum Musik, Rudolf Frisius, Peter Fuchs u. a., Ernst Klett Verlag, Stuttgart 1973

- *Songs – von Folk bis Hiphop.* Liederbuch für Kl. 5-10. Hg.: Wulf Dieter Lugert, Friedrich Neumann, Metzler Verlag, Hannover 1996

- *Spielpläne 7/8.* Hg.: Klaus-Jürgen Kemmelmeyer und Rudolf Nykrin, Ernst Klett Verlag, Stuttgart 1997